中国

注释法学

文库

地方自治浅说

孟森 著

商务印书馆
创于1897 The Commercial Press
2014年·北京

广州大学公法研究中心合作项目

主持人　董　皞
顾问　李步云　应松年

广州大学社科专项资助

商务印书馆图书馆提供版本

孟　森

(1868—1938)

总　　序

一个时代法学的昌明，总开始于注释法学；一个民族法学的复兴，须开始于历史法学。

虽然清朝帝制的陨落也正式宣告了中华法系生命的终结，但历史的延续中，文明的生命并不只在纸面上流动。在中华民族近现代法治文明孕育的肇端，中华法制传统转向以潜移默化的形式继续生息，西学东渐中舶来的西方法学固然是塑造中国作为现代民族国家法学的模型，但内里涌动的中国法文化传统却是造就当代中国法学的基因——这正是梅因要从古代法中去寻找英国法渊源的原因，也是萨维尼在德国法体系发展伊始即提出的："在人类信史展开的最为古老的时代，可以看出，法律已然秉有自身的特性，其为一定民族所特有，如同其语言、行为方式和基本的社会组织特征。"①

有鉴于此，从历史溯源来探索独特中华法治文明，重塑中华法系，是当代中华民族追求伟大复兴的必由之路。所以，当历史的沧桑和尘埃终于在半个多世纪的岁月里缓缓落定的时候，我们应在此刻再度回眸那个东西文明撞击的年代，会发现，在孜孜探求中国现代民族国家法学发展之路的民国，近代法学的先驱们尝试将曾经推动西方现代法学兴起的注释法学引入中国。孟森、张君劢、郑競毅、汪文玑、

① 〔德〕萨维尼：《论立法与法学的当代使命》，许章润译，中国法制出版社 2001 年版，第 7 页。

秦瑞玠、谢霖、徐朝阳……这些人既是中国传统文化滋养下成长的精英，又是怀有开放心态虚心学习世界先进文化的智者，可以说，他们以自觉的时代精神和历史责任感担负起构建民族法学、追求民族复兴的使命，而又不自觉地传递着中华法系传统的理念和逻辑。细细研读他们的作品，不但是对近代民国注释法学派理论研究的梳理，更能对近代以降，现代民族国家觉醒过程中，中国法学建立的历史源流进行深入和系统的把握。

近年来，多部近代法学著作重新被整理推出，其中不乏当时大家的经典之作，然而，从注释法学的角度，系统梳理中国当代法学的理论发展史，尚无显著进展或相关成果问世。由此，余欣闻商务印书馆和广州大学法学学科的教学、科研单位，现合作计划对这批民国时期注释法学的研究成果进行点校整理，并重新让民国法注释学的经典著作问世，我深感振奋。这套丛书比较全面地覆盖了现代法体系中各个法律部门，能够为展现中国近代法治文明转型和现代民族法学发生、发展史建立起完备的框架，无论对于法制史学，还是对于当代中国部门法的理论研究与制度探索，乃至整个当代民族法学文化的发展而言，都具有极其关键的意义。毕竟，受到法文化传统影响，中国政治对法学和法制的压抑使传统的法文明散落在经典知识体系的各个“角落”而未能独立，虽然有律学这支奇葩，但法独立性的文化基础仍然稀薄。进入近代，在西方法治文明模式的冲击下，虽然屡有“立宪救国”的政治运动以及社会思潮，然而，尝试用最“纯粹”的路径去构建民族法学和部门法制度，还当属这些学术先驱们拟采用的“罗马法复兴”之路径，即用注释法学来为中国民族法学奠基。可以说，点校和整理这一系列丛书，是法学研究中对注释法学和历史法学的大胆结合，既是对文献研究的贡献，也是突破既定法学研究范式，打通部门法、法理学和法制史学研究的方法创新。

是以，余诚挚期盼该丛书经过点校整理，能够为中国法制史和部门法学基础理论研究，提供一条贯通历史与现实的“生命线”，望能促进当代中国法学的理论和制度，均能一据历史法学而内蕴传统之民族精神，又外依注释法学而具精进之现实理性，故此为序。

张　晋　藩

2013 年 3 月 15 日于北京

凡　例

一、“中国注释法学文库”多收录1949年以前法律学术体系中注释法学的重点著作，尤以部门法释义居多。

二、入选著作内容、编次一仍其旧，唯各书卷首冠以作者照片、手迹等。卷末附作者学术年表和题解文章，诚邀专家学者撰写而成，意在介绍作者学术成就，著作成书背景、学术价值及版本流变等情况。

三、入选著作率以原刊或作者修订、校阅本为底本，参校他本，正其讹误。前人引书，时有省略更改，倘不失原意，则不以原书文字改动引文；如确需校改，则出脚注说明版本依据，以“编者注”或“校者注”形式说明。

四、作者自有其文字风格，各时代均有其语言习惯，故不按现行用法、写法及表现手法改动原文；原书专名（人名、地名、术语）及译名与今不统一者，亦不作改动。如确系作者笔误、排印舛误、数据计算与外文拼写错误等，则予径改。

五、原书为直排繁体，均改作横排简体。其中原书无标点或仅有简单断句者，一律改为新式标点，专名号从略。

六、原书篇后注原则上移作脚注，双行夹注改为单行夹注。文献著录则从其原貌，稍加统一。

七、原书因年代久远而字迹模糊或纸页残缺者，据所缺字数用“口”表示；字难以确定者，则用“（下缺）”表示。

八、入选著作外国人名保持原译名，唯便今天读者，在正文后酌附新旧译名对照表。

目　　录

第三部 省

第四部　省之会计

第五部　联合及监督

图表目录

总　　说

我全国父老子弟，无论在乡在城，无人不有家室，即无人不愿安居乐业。朝廷深知吾国人民所谓安居者未必尽安，所谓乐业者未必真乐，明诏天下，讲求地方自治。凡向来已讲求者，无不钦颂圣明，以为天下第一急务。但吾父老子弟，毕竟农工商贾，各有恒业，平时多不理会此事。一闻人人有自治之责，非虑不谙，即忧无暇，此误会也。我父老子弟本各有地方，各有地方上事务，钱漕正供，董保勒限起底，庄首赔垫欠户，押饷差发一告示，送一由单，有常例贴差之图规。若出一命盗案，协缉赔累，兼应差胥之索扰。又如办保甲，办冬防，办学堂，桥梁，道路，沟洫，堤岸，种种工程，均庄过庄会乡会图，种种事实，何一非派多数父老子弟之资财，又劳少数身充董保之父老子弟之气力者乎？则我父老子弟之于地方，其负担久已不为轻矣。

地方自治，原不过做地方应做之事，事体不离乎向来情状，则何谓不谙？办事不离乎旧有人员，则何云无暇？省无数差役势要之侵渔，增一二公共利益之事业，人力物力亦不过一转移间自治之能事已毕，吾父老子弟何久退让而不上应诏旨，下谋福利乎？

或有疑者曰：地方自治，似已为吾国所本具，则何故又特标新名目，以勉我曹从事于此？此正因平时地方办事，资财气力由父老子弟共出，意见则由一二官长绅董独出，负担者在此，利益者在彼，地方之事愈多，其去自治愈远。今之特标自治，正令地方身受利害之人各有发表意见之权，所兴真公共之利，所除真公共之害，使地方有进步而无退步，则积各地方之兴盛，不得不成全国家之繁昌矣。

但人人各出意见，何以意见多而不乱？此中有一次序，向来为地方办事者所未想到，然亦一席话可了。下文分部、分章、分节，尽情为我父老子弟一倾吐焉。

第一部　坊厢乡图

坊厢一而已，乡图则以乡统图，图为乡之分区。

凡称地方，必有一定疆界。最大者省，次厅州县，皆地方也。吾民先从至小之地方，现成之自治机杼，切实下手，则必以坊厢乡图为始。盖有坊厢乡图之区域，有董事之职名，则自治之组织与自治之机关皆有端绪，但不完备耳。其次，地方有事务而不明。其次，地方有财政而不理。其次，地方有联合之法而不定。其次，地方有监督之限而不清。今分六章，释之如下。

第一章　坊厢乡图之组织

组织之要件有二：（一）土地，（二）人民。

土地　必有一定区域自治权，乃有一定之范围。坊厢乡图区域早定，则土地已具。

人民　坊厢乡图之内，所住者皆人民也。则第二要件亦非不具，所不具者，定人民资格之法耳。今明定之为二种。

第一种：住民。凡居址生计在本坊厢、本乡图之内者，皆为住民。

籍贯之说，最不适于实际。实利实害，恒与居址生计相关。凡拘泥于籍贯者，皆草昧之知识也。将来改法律之后，外国人归我裁判，与我杂居，则住我国某处，即为某处住民，何籍贯之有？

一、住民之权利，其目有二

（甲）共用本坊厢、本乡图之营造物。如道路桥梁，营造物之专属物质者也；如学堂病院，营造物之兼有人为者也。附著于本坊厢、本乡图，则住民即有使用之权利。

（乙）共用本坊厢、本乡图之所有财产。如社仓金谷，公地刍薪之类。

又先有国家而后有地方，则住民先有受庇于国家之权利，此普通之权利也。

旧时地方办一公事，并非出自多数住民之意。官长绅董之贤者，借此以成其名，其不肖者且因以为利。吾父老子弟明知其未必为我权利也，故多不愿有所兴作，常以省事为幸。于是地方凋敝，公共便利之物绝少。此不自治而权利非权利也。

二、住民之义务，其目有三

义务即从权利而生。整理公共营造物，维持公共财产，即为住民之义务。

（甲）租税。此以纳之于国家者为大数即与受庇于国家之权利相对，而为普通之义务。由自治团体征收之，较向来少一差胥之扰，岂非至便？而亦有专纳于本坊厢、本乡图者。向来地方公费，坊厢按铺户抽捐，乡图照田亩科派，由来已久。特今由自治团体自收自用，无抑配不均之弊，亦无浮冒不实之扰。其详见第四章。

（乙）夫役。

（丙）物料。凡夫役物料，专为所享权利而负担之，不能充役者，则纳其值，此向来惯例，不待言也。

第二种：公民。凡坊厢乡图之住民，具有参与自治之资格者，乃为公民。

旧时坊厢乡图中，有乡董，有图董，有图正，有地保，有庄首，为地方办公之人，皆公民之职也。其中有奔走绅士官长之门而得之者，有窜卯名于官署而占为衣食之世业者，其进退非多数住民之意，又无一定之资格，大半有所利而钻营充数。地方多一办公之人，即住民多一苦累。自治团体中之公民，以资格定之，其数极多。其选充公职，以办地方公事，详第二章。今先举其资格。

一、公民之资格，其目有七

（甲）年龄必在二十五岁以上。太少则知识太浅，能力太薄。

（乙）能自立，并须二年以上不受赈贫之惠。自顾不暇之人，难望其能顾公事。赈贫之惠，谓穷无聊赖，待地方周恤以为活。若遇灾变，受人扶助，不为嫌也。又或私人交际之赠贻，亦不以赈贫论。

（丙）无疯狂迷惑之病。此不待解释。

（丁）为住民在二年以上。利害得失，闻见较确。

（戊）二年以来所负担于本坊厢、本乡图者，遇事无缺。为住民时已能顾公，必能胜公民之任。

（己）所纳于国家，无论地税或他直接税，能及一定之额。直接税，谓本人自身所纳之税。若牙行店铺之货税，仍取之买主者，不得当之。一定之额，在日本为二圆以上。吾国税法未定，难为标准，总之视其较有身家，则利害之关系较切。限制太严，恐公民之数太少，当师其意而略与分别焉耳。

（庚）特别资格。未为二年以上之住民，而品行资财为众公认。若法律足以审判外人，而至杂居之日，则又当以本国人为公民，外国人不预焉。现今虽以本国人自分籍贯为可耻，然尚不能不区别国籍。文明更进，乃当别论。

二、公民之权利义务

公民一面为权利，一面即为义务。就其地方欲治即治，乃其权利，不可不治，即其义务。故并权利、义务而言之。其目有二。

（甲）选举权。其详见第二章。

（乙）名誉职。以名誉为权利，以奉职为义务。若充裕之坊厢乡图能容有俸之职员，又当别论。旧时董事、地保、庄首本来无俸，董事尚为名誉，地保、庄首纯系计产而当差，然尚可行。且地保、庄首遇输值之年，虽女户不免。今之公民，尚不如此之强迫，何为而不可行耶？

按：今之虑自治无人办理者，厥有二因。在普通人民，因疑今日之地方自治非旧日之地方办公，此一因也。不知情事相同，所不同者，意思之所从出。向为黑暗，今为大公耳。在学界中人，亦有老成持重，疑近日新政在在需人，安有闲暇之通才伏处地方，尽力名誉之职，此二因也。是又未知公民本地方自有，且不可胜数，并不定借重通才，但依地方自治制度，破除积习，一归大公，足矣。

三、公民权之剥夺、停止，其目有五

（甲）曾犯重罪。吾国向有刑伤过犯之说，但旧时官用刑讯，滥刑于未定罪之先。照律笞杖之数，多不过百。而未定罪之先，敲扑可至千万。且孤寒无势力之人，到官即可受刑。虽奉旨不准刑讯，而官长竟不奉行。似此惨滥之法，难为准据。剥夺公权，当以徒以上之罪当之。将来法律改良，重罪轻罪自有定限，且不得滥刑，则所谓重罪，可据法律定之矣。

（乙）入外国籍。各国皆严国籍法，我国尚未杂居，更难含混。

（丙）破产未复权。尽其家产，不足偿债，是为破产。债项偿清，可以复权。　以上为剥夺。破产复权，即不剥夺。

（丁）拖欠租税，经官勒催。

（戊）犯事在官，罪状未定。以上为停止。

当海陆军之兵役，则不服公民之务。纳税减至定额以下，亦当然失公民之资格。现方禁烟，将来或全国禁净，今时停止公权项下，当添“鸦片烟瘾未断”一目。

第二章　坊厢乡图之机关

人身为一实体，必有机关，乃成作用，知觉运动是也。坊厢乡图亦然，其中公事必有专办之人。旧时设董保等，早有作为机关之形象。但事出董保之意，董保又受他有力者之意，则知觉非坊厢乡图之知觉，而运动亦强以坊厢乡图之全体，受有力之运动。吾父老子弟何堪以公共之负担，餍少许有力者之欲望乎？盖向惟不解自治，宜吾父老子弟漠视地方之公事，以为益于公者适以损其私也。

今依地方自治制度作成完备之机关，坊厢乡图本无知觉，而使有知觉。盖吾父老子弟以公共身受之利害为知觉，则为坊厢乡图之知觉，非少许有力者之知觉矣。故必设知觉机关。此在自治制度，谓之议决机关，又推之运动机关。吾父老子弟以公共委任之兴利除害为运动，则为坊厢乡图之运动，非少许有力者之运动，此在自治制度谓之行政机关。

第一节　议决机关

此机关即议会，亦可单称之曰“会”。在坊厢曰“坊厢会”，在乡图曰“乡图会”。惟乡图会在乡而不在图，图无议会，惟有奉行成议之图董。

一、坊厢乡图会之组织，其目有六

（甲）议员员数。坊厢人口在千五百以下，得选举八人；千五百以上，十二人；五千以上，十八人；万以上，二十四人；二万以上，三十人；至多不得过三十人。乡图，分由每图各选举四人。

（乙）选举权。必须公民，且有公权。但有二例外。（一）在本坊厢本乡图之本图人，不备种种公民资格，甚至女户幼丁，而纳税极多无比。但不犯剥夺公权、停止公权各事项，及密营有伤风化之业者，皆得有选举权。女户幼丁，使人代理可也。（二）依法律所设之公司及他团体，在新法律应定为法人者，则所纳坊厢税必较平人为重，亦有选举权。

（丙）被选举权。公民有选举权者，皆有被选举权。但为议员而难尽其职，或易恤其私，则亦不得有被选举权。保谓难尽其职？本有要职，不能兼顾是也。如所属府县之官吏，坊厢乡图之行政部人、检察官及警察官吏司法不兼立法，虑以恩威迫人从议、僧道及诸宗教师所持宗旨与政治不同，难与共议是也。何谓易恤其私？如父子兄弟同时为议员，则易于自由团结；父子兄弟同时此为议员，彼为董事，则易于两相勾结是也。又无关本地方之别种官吏，以有奉公之责，非经上官允许，亦无被选举权。

（丁）选举方法。各国方法不同，在我国而又为坊厢乡图之选举，宜用等级选举法，此又分为二种。

第一种，三级制。坊厢宜之。全坊厢公民若干人，全坊厢公费需若干，分为三等，设如本坊厢需岁费三千元，则就公民之出费最多者，拣出若干人。所出费已及一千元，此若干人即有选本坊厢议员三分之一之权利。又拣其次多费者，满一千元共若干人，再选本坊厢议员三分之一，其余出费较少之公民，选本坊厢议员三分之一。

第二种，二级制。乡图宜之。以乡图财力相差较近也。设如本乡图需岁费八百元，拣公民之出费多者，满四百元，则此公民得选议员之半。其余公民之担任四百元者，复选议员之半。

但有二种例外：（一）坊厢乡图公产甚丰，人民无需派费，则但用普通方法为选举；（二）坊厢乡图住民极少，有但由公民开会议事者，则可无庸选举。

坊厢乡图议会所以议坊厢乡图之利害，利害首及营业财产之上，故议员资格多以出费为标准。出费即生于营业与财产也。东西各国，大略多同。

上、下级出费不能适均，则逾额之畸零宜归上级，令下级稍占便宜。又上级末一人与下级首一人出费相同，以其为公民之久暂分上、下级。再相同，则签掣之。又一人而出费不止一级，或包有两级，仍作一级算。此等细则，临时酌定，举此以推其类。

（戊）选举种类。此分为三。（一）定期改选。议员任期六年，每三年各级改选其半，使轮番交换，不至全无熟手。现今初次选定之议员，其三年改选，当抽签以定其去、留各半之数。（二）解散后之改选。议会有不法行为，妨碍公益，地方官可以民政部命令解散之。但解散后三个月内必须再行改选。（三）补缺选举。议员中有死亡或失其资格时，当另行选举，以补其缺。

（己）选举节次。此分六层。

第一层，造册。此册谓之选举册，又分二种：（一）底册。就全坊厢乡图有选举权之公民造为一册，各照其资格身份填注，是为底册。（二）名册。检底册中既备资格，又无缺点，实行其选举权者，逐名开列，是为名册。

造册之任，董事当之。坊厢由董事，乡图则由乡董。前选举期六十日，详查确造。造成，置之董事公所。旧时地方董事办公无定所，有事多就茶肆会议，谓之叙茶，终岁所费亦巨。今宜假祠庙空廨等处，或建造一所，无取轮换。所费或转省，而办事有定所，到所有定期，提示公告，期会召集，一切均便，此必不可少也。令人纵览七日，以纠其错误。七日之后，查明所纠之处，为之改正。过七日，无人纠正，则作定本。若有改正，必尽选举期前十日毕事。

凡册上无名者，以自不纠正，虽漏载亦不与以选举权。不当载而误载者，则仍不得冒混。盖选举后尚可纠察也。

第二层，开会。此其所开，为选举会。其场所日时，及各级议员之数，董事于七日前公告于众。乡图地大，则就各图设分会，日时方法，皆与本会同。第一级人数必少，无庸选举于分会。坊厢之二三级，乡图之二级，则偶有之。凡选举次序，先下级，依次逆推而上。其必有次序者，恐一人同时当数级之选。其必先下级者，使下级选举人得择人以行选举也。

第三层，执事。选举会中必有执事之人，先由董事之意，于选举人中指定二人或四人为执事员，而已为执事长，监督是日开会、闭会，及会场一切事务。除选举人外，不得入场，俾无纷扰，得以平心思索；又检察选举人互相商劝之弊。

第四层，投票。选举人每人给一票，书被选举人姓名。书票之法有二：（一）连记，谓每票举若干员；（二）单记，谓一票止举一员。此二法宜何从，坊厢乡图中人或主张不同，分为两派。连记之票，既网罗多数被选举人于一票，地方人数无几，票中必所记彼此相同，则某派人多票亦多，其票为全有效；他一派则票且全无效矣，故宜从单记。单记之书法又有二：（一）记名，谓选举人自己署名；（二）不记名，谓选举人不署名也。以理论之，记名法为光明正大之法，但吾国初行选举，情面势分，瞻徇必多，不如且专用不记名之法。

凡投票不进，请人代投。以无关系之人，随意所投，必不切于本地方之利害。但册中载时应请人代者如公司等之法人，及妇孺之多额纳税者等，由执事人核明给票，仍不得以一人代数人，且代者必为有公权之本国人。

今既用单记不记名之法，可得票式如下：

选举票		
年　月　日	某某某为议员	今举

议会系公共大事，投票一律书名，名姓相同者，选举册中先注明其不同之字号，投票时亦于名旁注某字某号以为别。

单记不记名之票，所书止姓名两三字而已。教育向未普及，文字固愈简愈妙。但恐乡僻公民多有并此而不能者，则此数年中，当特开请代之例，此项公民投票请代之法，必令所请替代之人，确由本人之意。此为暂时通融办法，教育普及后，若仍有不识字者，竟不许其投票可也。

第五层，点票。投票得多数者为当选。其多数有二种。（一）过半之数。得票数必逾于全票数之半始为法选。（二）较多之数。此多于彼，尽多者为当选。夫求过半之数，可行之于推举，先指人名，后视赞成之多寡。若投票，则宜专用较多之数，数同则计年，年月又同，则签掣之。

凡投票而一定无效者有四：（一）被选举人之名不可辨认；（二）多出人名，难定其所选者果为何人；（三）误书无被选举权之人；（四）被选举人姓名之外，混记他事。其余由执事人以法所规定，决其有效无效。所决不当，本人得诉之于上级地方团体。

第六层，就职。凡有效之票，居当选之数，则就议员之职。

此为义务，不容辞免。其有故而辞，则有六种：（一）疾病不堪公务；（二）营业不在本坊厢、本乡图，家居时少；（三）年逾六十；（四）现有官职；（五）前曾四年为坊厢乡图无俸之董保，交卸后未满四年，及六年为坊厢乡图议员，满期后未过六年；（六）其余由坊厢乡图会议决，许为正当之事由。就职后辞职，准用此六条。

凡无故辞职，得由坊厢乡图会议决处分之。其处分之法，停止公权三年以上、六年以下。此停止年限内，加课其所负担坊厢乡图费额，加至八分之一至四分一。就职后，旷职者同。

当选之人，若公民中有异议，可尽七日内申告上级参事会处分，得撤消之。

二、坊厢乡图会议员之地位，其目有二

（甲）权利。有二。（一）参与公事。此有一种限制。凡关本身及父母兄弟妻子等事项，则应回避。（二）受领公费。公费乃因公所用之费，议员无俸给，故为名誉职，若因公又需赔垫，势有不能，当酌本坊厢、本乡图情形，或折给一定岁额，丰俭听本人自便，或每次开会，照旅费核实支销。

（乙）义务。亦有二。（一）议事当谋公益，不得为自己谋私益，并不得为举我者代谋私益。（二）议事必须亲到，不得托人达意。

三、坊厢乡图会之起止，其目有五

（甲）开会。凡上级地方每年开常会一次，余则有故开临时会，坊厢乡图则无须拘此，仍沿向时有事即议之例。议长即其董事，传知开会，并定会期，当由议长或议员有三分之一以上，意见相同，亦可请议长传知。其本会应开几日，亦听议长之约。董事有事故，可使其下办公之人代为议长。

（乙）停会。开会中间，视公事上有应暂停再议者，议长可约明停会几日，至期满日即仍到会，无庸传知。惟前议不问已决、未决，均归无效。

(丙) 休会。前所云停会者停由议长，此所云休会者全会皆休。以其生于事实，而别无意见，故休会前所议决者再开议时仍有效力。

(丁) 闭会。一切完结，凡本会不决之事，决会即使重提，亦止作为新发之议端，与本会无涉。

停会、休会、闭会各项限制，欧洲各国，不一律如此之严，日本则然。盖议会初兴，人或不恪遵公决之意，会中尚为定法所限，不至轻易违法。若许其意思，延及会外，恐公决之例有难言者。坊厢乡图会议长即其董事，凡非议会所决，绝不许董事有所执行，其限制更不得不严矣。

(戊) 解散。议员任期中，该议会有违法之行为，或溢乎议会之职权，或自利而贻他地方之害，凡属议会违法而非议员违法者，地方官得禀知督抚转报民政部，而解散之。解散后，即重新选举，与平常选举同。

四、坊厢乡图之权限，其目有二

坊厢乡图为地方之起点，人民之有公共事业，政治思想于此发轫，积坊厢乡图而为国家。中间省与厅州县之团体大率监督此坊厢乡图，及联络此坊厢乡图，为其责任。以故坊厢乡图所划之区域则隘，而所操之权限则甚宽，盖有过于省与厅州县者。

坊厢乡图权限何以宽于省与厅州县乎？凡地方可有之公事，坊厢乡图无不有之。而事应普及，如小学教育之类，非坊厢乡图各自著力，不能收效。故教育行政，学部之事也，而日本则以小学之行政委之最下级地方。未普及而急求普及，非如此不可。吾父老子弟今岂无品行身家全备公民之资格，而幼年失学，有不能自书选举票者乎？则教育宜急，无问学部以此见委与否，要当视小学堂之分区设立，为坊厢乡图第一义务矣。其详当另编《普及教育》一册，求鉴于各父老子弟焉。

何以谓教育为见委之事？盖地方自治，所禀者民政部之法令，所受者民政部之监督。教育为学部之专责，而设立之计划，寄之地方团体，故为委托之政。吾国今日设学堂之事，尚无不出于地方之规划，无所谓学部之委托。父老子弟能负筹划之义务，即享教育之权利，自勉焉可矣。非权限而可引为权限，此不得不另论也。

今举坊厢乡图会中确实之权限如下：

（甲）坊厢乡图地方公事之权限。其目有五。

（一）议决。坊厢乡图之意思，托之议会，即托之议会之议决，此为权限中之根本权限。别为五种。

第一种，条例及规则。条例者，坊厢乡图办事之条例，及坊厢乡图住民所应遵守之条例。规则者，坊厢乡图所管之营造物，本供住民使用者，其如何使用之约法也。

条例、规则虽由坊厢乡图议决而定之，然有四种限制。1. 限于法律范围以内，自治团体不得与国家法律相背。2. 限于已经地方官存案，否则不能强人遵守。3. 限于坊厢乡图之区域未改，一经分并，利害关系必有不同。4. 限于本坊厢乡图，别坊厢、别乡图若有相关，当摘出通知之。

第二种，预算及决算。详见第四章。

第三种，基本公产及他公产，卖买互换推收出入等情。

第四种，使用费、酬劳费、地方经费以及夫役物料，各种赋课征收之法。

使用费，如租借公产之类。酬劳费，如邀作中见，或查阅册籍之类。凡此收款，在坊厢乡图当为正款。使用费从置定之营造物而生，酬劳费由设定之董事等而生，故由议会议决其赋课征收之法。向来地方公产所生租息，本充公用。而住民以私人之事，必经董保等公人之手而成者，多不以为公事，而以为私情。于是酬劳无一定之法，住民以索谢为苦，董保蒙不廉之名，盖两失之矣。

第五种，公共财产及营造物之管理方法。

以上五种皆在坊厢乡图会议决权限之内。未议而即行，为董事之不法。遇此等应议之事项，由董事提告议会，谓之议案。议定，则董事有一定照办之义务。惟所议有违法律或害公益者，得令重议而已。

（二）选举。坊厢乡图会有选举坊厢乡图董事及其余办公人等之权限。

（三）监查公事。坊厢乡图公事所应监查者有三：1. 坊厢乡图之公文及账目；2. 坊厢乡图之议决，已否执行；3. 坊厢乡图之出纳是否合乎预算决算之数。凡此三者，有不当之处，监查时可以指摘之。有需急行监查者，董事尚未报告，可要求其报告。有时议会与董事意见不同，可由会中以意见呈之地方官，请其裁夺。此裁决非裁判，不过代决公事上之意见耳，不为诉讼。且文明之国，司法无不独立，地方官原无裁判之职。吾国司法独立虽尚未有定期，要之自治团体之于地方官，决非向来人民之见官长，以觳觫恐惧为体统也。

（四）陈述意见。有二：1. 公益事项，坊厢乡图会自行陈述；2. 地方官见问之陈述。

（五）裁决。此裁决非裁决私人争执之事。吾旧日不合法之绅董局所，往往以招揽民事上小小争讼，自任排解，以附会于自治之意，此大谬也。裁判乃法部之事，与民政部无涉，非但议会不能过问，即董事亦无此职权。今之所谓裁决，则有四种。

第一种，住民公民之权利。有应得此权利者，而或抑遏之，本人诉愿于议会，为之裁决。对议会不称控诉，但称诉愿。

第二种，选举权及被选举权。此其权之有无，若有争论，则诉愿于议会，为之裁决。

第三种，选举人名簿之合否，所分选举等级之当否。若有舛错，则诉愿于议会，为之裁决。

第四种，议员选举之有效无效。若有纠举，则诉愿于议会，为之裁决。

除四种事项之外，地方自治团体，无裁决之权限。盖各国司法皆独立，全国自分许多裁判区，其大不过数里，小小争议皆可就诉，故司法省之事务，断无委之地方团体者。裁判之员，皆法律学堂毕业得凭，又经司法省委法律学有名之博士学士，试验及第之士。其裁判并无威吓，较之吾国民间排解之法，和蔼且有过之。其法学之精严，则更非吾国官长之所能及也。

吾国地方官兼司裁判，然小小词讼，每批饬地方理楚，于是董保有无权之裁判。久之而董保所为，公益事少而争讼事多，无论用情索贿，武断乡曲，有种种非法之为。即大公至正之人为董保，不以心力用于地方之公益，而日为斗殴骂詈、夺产争嗣者所牵率，何补于地方，即何补于国家，此自治团体之中所万不可蹈之弊也。

然今日政体之下，苟无地方理楚之一方便，动辄对簿公堂，横被敲扑，亦更不成事体。故司法不独立，于自治制亦大有碍。必不得已，议会中别举一二明法之人，专待理楚之用。一切责任，与自治团体无关，隐师区裁判之意。此为不幸之变通，决非善法，惟有日望司法之独立而已。

（乙）坊厢乡图会内事务之权限。其目有三。

（一）定会议规则。如何开会，如何决定，凡开会时所行节目，及其规则，得由会中先行规定。

（二）惩罚议员。议员违背规则，可罚出二圆以内之罚款。

（三）审查议员资格。本无此资格，而冒选或已充议员，中途失其资格，皆由议会审查之。

第二节　行政机关

坊厢乡图之行政，董事所行之职权是也，谓之独任制。独任制者，以董事一人独行议会所议决也。上级地方之行政，属之官长。而这方举参事会员，以接近行政之官长，每事又必于参事会中议而后行，是谓合议制。其下分任公务之员，虽数有多少，要皆为补助者，非可为行政机关，止称补助机关而已。乡图之行政由乡董、图董，止为补助机关，故凡称董事，在乡图止以乡董当之。

一、董事

董事由坊厢乡图中选出，必经地方官许可。若地方官不许其人，坊厢乡图中以另选为义务。

董事本名誉职，但视地方情形，亦有受俸给者。其人必年在三十岁以上，以期练达可恃。无俸者，必选自公民，以其身家较裕。有俸者，不必公民，住民中才品可信者皆可当之。盖有俸则有以顾其身家，而选举之路宽，尤易满人意也。但非公民而被举为董事，经地方官许可后，即有公民之资格。

董事之职务乃为坊厢乡图之代表，其权限止能执行坊厢乡图中议决之事项，绝不能自出己意，而行一事。会中所议决，或违法律，或害公益，董事以为不可执行，则可使会中再议，终不得自出意见。再议而仍不改议，可请地方官裁夺。此裁夺与前议会所请之裁夺同。

外国遇此等公事之争执，地方官裁夺而仍不服，可诉之行政裁判所。行政裁判所，乃专裁判内外衙门及地方团体公事上之一切争执者也。吾国司法尚未独立，更难望有此特别之法官，则姑以此事托之地方官耳。吾父老子弟为公益计，姑和衷以从事，务少意气之争，其亦可也。

董事有两种责任。在自治团体中，纯然奉行议会之意思，然其代表坊厢乡图，而对于国家亦兼承国家之命令。如地方警察，董事奉行警部之法规，无庸议会议其规则。但警察为保护本地方而设，其费应由地方负担，如何筹费之法，则仍由议会议决。凡法律定自国家，而奉行必在地方者，议会固不能议及法律也。

二、补助各员，其目有六

（甲）副董。董事不能无事故，必有副董，以便替代。平时办公，亦可与董事分任。其选法、任期与董事同。在外国法名之曰助役。

（乙）图董。此惟乡图有之。旧时厢董亦称图董，今当区别之。

外国法市必分区，区必更设区长，以地大事繁也。在乡则偶有区长，不必定设。吾国坊厢地小，不过当一图耳。奔走期会，近在咫尺，故向不分区。而乡则为地较广，旧有图董分区理事。然则外国分区宜在市，吾国分区宜在乡，事实有必然矣。

图董所任本乡董之事，特分图办理，以从简捷。代表乡图，仍由乡董，与图董无涉。以有选举权之公民，由乡图会选任之。亦可设副图董，其选出之法亦同。

（丙）地保。此职向有收钱粮之责。外国法谓之收入役，今仍以地保当之。事关款项出入，必有俸给，当由董事推举，而坊厢乡图决定之，更请地方官许可。其人不必公民，惟必明了账目，一经许可，即有公民资格。依旧例每厢每图一人，任期同董事。

旧时乡图地保尚于收入役之职相近，坊厢地保则因逼近官署，地方官出入，以地保为作威作福之具，迎送跪起，笞杖横加，不以人理待之。此后当于城厢除去向来甘为下贱之地保，不得使之应官。须知既奉旨自治，一切自有制度，官亦不能以向来威福相待。专司公款出纳，为体面之公民。

旧时地保遇窃盗人命等案件，在城固无罪而受非刑，在乡亦协缉扰累，不堪其苦。须知地保并非司法之官，亦非警察之吏。吾国地方官权力绝大，司法、警察一以贯之，威震一方，不能使一方不出命盗案件，乃以地保逞其狼藉之手段，不自治之为虐，由来已久。今奉旨自治，吾父老子弟可以一扫宿弊矣。

(丁) 庄首。此惟乡图有之。依旧例，每图十人，每年推住民资产多者轮充，亦当外国之收入役，而为地保之辅。无俸给，其地位在应纳租税之义务以内。

(戊) 书记。图正旧掌册籍，而又由公举，正合外国法之书记。但须文义粗通，能胜地方文件之任，由董事推举而议会承认之。

坊厢每厢本止有一图正，乡图则每图旧有一人，而乡董之侧无其人焉。今宜改称书记，坊厢即以图正兼之，不敷则由董事添举，惟须推举时兼顾其文义。乡图则乡董之下添书记一职，由董事酌定其员数，而推举之。图董下则止图正兼充书记。盖将来民法定时，厢董、图董必兼充户籍吏，图正之掌册籍，正合户籍之用，必为每厢每图不可缺之职，故改书记之名，而可兼者仍由图正兼之，惟乡董之左右则添书记之职耳。

书记不必有公民资格，且有俸给。

（己）执事员。外国法谓之委员，吾国多以委员称无印之官，故改称执事员。坊厢乡图中，有学务水利等事，视其必需专员经理者，得由坊厢乡图选出之，无事即停，有事即设，大概有俸。其常设者即称常时执事员，暂设者即称临时执事员。

以上六项，皆为补助员。补助员之对于董事，虽非如官吏之下属对于上司，然补助员承董事之命而行，董事之是与否由议会监督之，补助员则以从命为其职。上对地方官，旁对议会，皆由董事负其责任，补助员止于董事有责任，其余非所当问。责任不分，则办公无序。当知自治即行政之性质，不可漫无体统也。

议会对于董事如有争论，当请地方官裁夺，对于补助员，则纠得差违之处，质问董事而以为不合，得即议定处分之。处分之法有三。（一）谴责。此过误之轻者。（二）罚金。不得过五圆，有俸者扣俸，无俸者自出。（三）解职。此为最重，有俸者于赡给有关，无俸者更于名誉有损。

其纳贿及侵蚀等罪，更与刑法相关，是裁判所之责，非自治体之薄惩所能毕事矣。

第三章　坊厢乡图之事务

能自治之团体，为有知觉运动之团体，与有知觉运动之私人同。私人因有知觉运动之故，无日不有向上之心，营养日丰，盖藏日裕，声名日泰，品地日隆，此知觉中必有之希望也。有可以致丰、致裕、致泰、致隆之术，则力赴之，此运动中必有之能事也。

团体中公物之便利多，是营养之丰也。公产之储蓄多，是盖藏之裕也。公民之智识多，是声名之泰也。公事之良法美意多，是品地之隆也。吾旧时既有坊厢乡图之区域，不可谓非团体之外貌。其中无公共之知觉运动，故求其团体日日向上之心极为淡薄。

今既合坊厢乡图之知觉运动，而行自治之制，则必有自治团体之能力与私人必有各自为谋之能力，其理无异。此能力之所为，谓之事务。

前所述自治议会中应议之事项，皆团体所由生存，与其所由发达之根本。自治团体行此事务，谓之助长事务，此为团体本有之事务。

私人之自谋生存，自谋发达，即为私人本有之事务。然如纳税当兵等义务，私人亦所必有。团体既有人格，而为法人。知觉运动之机关，定自法律。有知觉运动，既有人格。以其定自法律，故为法人。岂能尽为己谋，而绝不负担国家之事务？于是又有团体受委之事务。盖国家行政之必需遍及者，每宜委之最下级团体故也。

然则坊厢乡图自治权之所及，其事务当分为二。

（甲）本有事务。

（乙）受委事务。

受委事务又分为二。

（一）有以团体受委者，征收国税是也。向时民情驯善之处，完纳钱漕，有所谓议图之法。勒限起底，地保庄首，自任督催，此即受委之惯例。惟向无完全之团体，故止由行政机关任之。今以团体受委，则督促之如何完密无间，如何公私两全，议会中亦负议定之责。

（二）有以行政机关受委者，董事任之，教育警察是也。此又有二别。

（1）民政部之见委。自治团体本属民政部，警察亦民政之一事。但自治所应为者皆助长之事，所谓见善如不及，学理上谓之积极事务；警察乃消沮之事，所谓见不善如探汤，学理上为之消极事务，性质相反，故警察不在自治范围之内。

若地方官自办警察，能遍及各坊厢乡图，原无需委之自治团体。设或见委，则守望相助，亦民居必有之事。董事任之，而费之所从出，由议会议决。董事自监督巡查，与议会无涉。特董事监督之善否，即其为董事之称职与否，则董事亦对于议会，为有责任。

（2）非民政部之见委。教育本属学部，然中学以上，由学部酌宜设立，原不必强以地方为分配。小学则关系全国民之初等知识，无小学之教育，不能为文明国之人民。普及教育，必分配坊厢乡图，必无一家之孩童不能就学，乃合普及之旨。吾国因教育最不普及，而民间治理最难就绪，则普及教育宜急矣。

若依日本之法，则我国亦当由学部请民政部，转委自治团体，切实举办。但人无小学教育，即不可为立宪国之国民。吾父老子弟岂肯自弃至此，则无论学部见委与否，吾民间自当急其所急。遵照学部章程，董事任举办学堂之责，每图至少一学，每厢至少三四学，总使居民无一家不便于走读为止。

教育之费，坊厢乡图自宜分担，与警察之已受委者同，筹费当由议会，不待言也。吾国教育绝不合法，小学堂糜费太多，地方负担既不易，学生出费又不资，此与普及之旨大背。外国普及教育绝不如此，收费极廉，或且免费，故能加以强迫。若吾国教育而加强迫，绝贫民终岁之食，剥瘠苦地方全体之命，举不足填此巨壑。盖自办学堂以来，乡僻之儿童就学者益少。此事规划尽当别详一册，敬告吾父老子弟焉。今特著自治事务中不可少之目而已。

第四章　坊厢乡图之财政

私人之用财，不过日行之一事，团体则无事不待财而理，财政举则无政不举矣。坊厢乡图尤以财政为要，故前章所谓本有事务之中，除团体自行组织而外，其余皆关财政。今分三节言之。

第一节　坊厢乡图之财产

有二。

坊厢乡图有流动之财产，乃可以供周转，有固定之财产，乃可以供使用，故财产当分为二。

（甲）周转财产。此又分为二。

（一）基本财产。用息而不动本者，如土地房屋积谷存款皆是。若有必需动本之故，当经坊厢乡图会决议，及地方官参事会之许可。地方官之行政，必与参事员合成参事会，共为合议机关。凡坊厢乡图举董事等，以其关系者人也，得地方官许可已足。至基本财产之变动所关系者在地方，必参事会许可，乃见上级地方团体之同意。参事会见下册。

（二）非基本财产。此不问本息皆可动用者。住民所分担之坊厢乡图税，即在其内。凡坊厢乡图能不收坊厢乡图税，但从基本所生之息，及他项有报酬之收款，即充分用，最为方便。盖收税乃强制之性质，不得已而用之耳。

（乙）使用财产。此亦有二。

（一）直接使用。如道路桥梁之类，人人有通行之利益，此之谓营造物。

（二）间接使用。如董事分所之类，虽非地方人人使用，而地方公事由此而办，即为全地方之利益。

第二节　坊厢乡图之收款

吾国地方摊费之法，向无以情理二字，仔细推求者，以故势压情纵，无弊不有。国民之于租税 ，本无衡情酌理之权，以致全国税法皆无情理，纳直接税者大率止有农民，无田者可以摊资钜万，而分文不纳于国。立宪国民有监督国家财政之责，吾国不养成可以监督之知识，其何以称国民之资格乎？

财政兼出入而言。监督出款，止能纠其虚糜中饱而已。其事之当办与否，必有专门之知识者乃能言之，盖尚非人人所能监督也。负担纳税，则为人人切身之事，吾民无所旁贷。坊厢乡图款目难单简，而法意则略具。故叙次稍详，以其与选举一事皆为组织自治之大纲，即为参与国政之起点，不可不明其条理也。

坊厢乡图之收款，大别为二。

（甲）外来之补助。国库及省厅州县，期坊厢乡图之发达，而知其力所不逮，以经费助之。夫国库及省厅州县之财仍由国民负担而来，不过移有余以济不足耳。吾国本有协济之名，但系省与省相协，或一省之中，州县与州县相协，未有设及坊厢乡图者。至公益之物，虽富饶之坊厢乡图犹且不办，贫瘠者更无论矣。

今国家税法且未定，无从定及补助之法，但将来制度完备，必有此举。其补助之法有二。

（一）定额补助。全坊厢、全乡图应支出之数共若干，其几成归补助，余由地方自行负担。定额者，定其分成之额也。

（二）不定额补助。因某事必需经费而给之，吾国亦间有地方水利动帑兴修者，此其类也。

（乙）本体之征收。除基本财产所生子息之外，其得为征收者有二。

（一）公法征收。凡以坊厢乡图名义所征收者，谓之公法征收。其类有四：

1. 使用费、酬劳费。营造物为全地方所用，不能收使用费。董事等为全地方办公，不能收酬劳费。如学堂病院，无学童无病人之家，即不使用，则其使用者宜收费矣，学堂使用费，即系学费。办学乃地方公事，费已担定。入学者自纳使用费，另为地方入款，故收费可以极少，便于劝学。如作中作保，无央求之家，即无劳可酬，则其有劳可酬者宜收费矣。

使用酬劳，以用之多寡、劳之轻重计其费额，不问其人之贫富，故与租税不同。其方法由议会议定，民政部立案，勒为本地方条例，断无以意出入之事。

2. 罚款。罚款有二种。① 警察罚款。坊厢乡图境内，无论何人违反警章，不愿拘管，以罚款代之。其款至多不得满两圆。今吾国警政未完，此款暂无庸议。② 职员罚款。即第二章所云议员罚款，不得过二圆；董事以外之补助员罚款，不得过五圆者也。

3. 坊厢乡图税。此为无报偿之收款，与国税同。强制全地方，使负担必不可缺之经费，由议会议定其收法。其收法大概有二。

（1）附加税。附加于直接国税及直接上级地方税者，吾国独税田亩，并丁税亦摊于地，不均已极。欲为有良政治之国，则税法不久必改。今据某君主立宪国之税法，提其要领如下：直接税见前。兹更详之。凡纳税人以自已之名入收税之簿者，谓之直接纳税也。

直接国税约可分为三种。

① 地租税。此即吾国之钱漕。然钱漕止以地亩，不以地价计。有一亩之地，岁可生产数百金者，与生产数百文千余文者无别，不均孰甚？谓之地租税，则视生产之多寡定税，庶不至独苦农民。但非地方自治，则地租时有涨落，不易核实，而无骚扰耳。

② 所得税。此吾国所无。据外国税法，每年入款至三百圆以上，乃起税。凡满三百圆者，税百分之一，所得愈多则税愈重。满十万圆者，税至百分之五五焉。

③ 营业税。此在吾国惟牙行有牙帖税。外国则各业皆税，而小本经纪者，不在其内，资本大约以五百圆起算。其各业各有情形，用工役若干，一年做生意几许，法律皆定其小商、大商之分别，以为收税、不收税之准。又从各业之性质，关于贫民所不可缺者轻之或免之，富人奢侈嗜好之物则重之，是为以情理纳税。

上级地方团体，另有所收直接税，外国法则然。吾国国税尚未定，姑不及地方之直接税，以省繁冗。

附加者，依准国税或上级地方税，每百成加收几成。其成数，地租税、所得税、营业税又各不同其限制，当由议会以情理定之。

（2）特别税，凡国家或上级地方所不收税，而独由坊厢乡图收之，无可附加，故为特别。

凡国家所不税，大率为本小利薄，不胜负担之人。故此种课税不可不慎，必其性质本为一地方所特别，为普通之税所不及，而并非贫薄之故者，乃为相宜。否则不得已而附加及间接国税亦可。此皆当由议会议定，民政部立案，乃可施行。

特别税固为独立税，即附加税，其税由附加而生。既税之后，亦为独立。本税有时蠲免，附加者不必从而免之。

附详纳税方法。又分三目。

① 纳税之人及不纳所得税之人。

凡纳税之人有三。1）住所在本坊厢、本乡图者。2）无住所而滞留三月以上者。其义务仍从初滞留之日起算。3）在本坊厢乡图有土地房屋营业所者。

不纳所得税之人有五。1）军人从军时之俸给。吾国现已粗行征兵令，当遵此法，以示优异。2）因公所受旅费，游学所受学费，积劳所受扶养费。3）伤病者之抚恤费，孤寡之扶助费。4）不为营利事业，偶然得财，及非营利之法人得财。如善堂等公益之团体所收捐助等类是也。5）从已课所得税之后之法人所受领者。如公司之余利分红等，此所以免重税也。又一公司有数处营业所，终年所得，彼此牵连，则并计而数处均分之，皆所以避重税，此类宜审。

② 纳税之物及不纳税之物。凡纳税之物大率为土地房屋营业，但本坊厢、本乡图之人，其土地房屋营业在别坊厢、别乡图者，不在本坊厢、本乡图课税之列。吾国旧时归户之法，土地随业主而移转，地方与地方之间有豪强之兼并，各坊厢、各乡图所谓负担经费者益难计算，行自治制，当革除之。

不纳税之物。凡国有、官有、公有之土地营造物等，其直接供公用者。如衙署及官立公立学校之类。官有之山林、荒地，则需得民政部度支部之许可，始可征其负担地方之费。又新垦地，几年升科，当由坊厢乡图条例载之。向来则通例三年升科也。

③ 诸种期限。不动产过户时，纳税户名，必至下一会计年度而改。其过户以后之税，归得主贴与原业户，此与向来漕入条

入同例。课税不公不平，得控之地方官，直至民政部，惟必在课税定后三个月以内，久延将无从会计。逾纳税定期，由董事督促。仍不纳，则公卖其人之产业，以取应纳税额。所需费用仍取之纳税者。如实系无力，则许其延期，延至已过会计年度。则何以抵其年度内之缺额，归坊厢乡图会议决。

4. 夫役及物料。此与附加性质略同，恒视其纳国税等税率而定其额。

夫役可以雇代，说已见第一章。惟文明国之夫役税，乃役其人人可能之力。其由专门练习而成之艺业，无课税之理。吾国向时往往强百工技艺之流，以其所业应役，此非尊重知能权之意，不可行也。

公法征收，本由强制，不能听人愿否。不但租税为然，以上四项皆然。定期缴纳，逾期由董事发催片。再不纳，则取其财产准之，变价而扣其应纳之数，余给还。

若征收者违法，则人民可诉之裁判所。盖公事权限之争，诉之行政裁判所。吾国无行政裁判所，既以地方官强充之，今之司法裁判，以事实论，亦止可暂归地方官。然不可不知权限之争，平其事理而已。违法之讼，则审实当有罪名也。其诉讼之期，必在发征收令秋后三个月以内，逾期则无及。

（二）私法征收。凡但视坊厢乡图为私人所征收者，谓之私法征收。如售卖公物，公共营业铁道、电车、电灯、自来水火等，宜乎地方团体公营之业、住民捐助及募集公债皆是。除公债外，事理明白，无庸赘述。

公债为最妙之法。向无公共机关，故不可行。凡国民必监督国家财政，此立宪国之通例，故各国可行公债。今议院未立，则虽募国债，亦难确实通行。地方果成自治机关，则公债必在可行之列。

公债须由坊厢乡图会决议，并其归还之期，利息之数，皆须先与议定，由地方官禀督抚，转报民政部立案。又必限定其借债之原因，止有三种：(1) 偿还旧债；(2) 天灾地变；(3) 谋本团体永久事业。似此则承借者为本坊厢、本乡图，负偿还之责者仍为本坊厢、本乡图，有权起债者即有权付息，有权还债，较之寻常放债，可靠多矣。

但债项毕竟有付息之累，负债过多，则地方之负担经费仅足顾其债项之本息，又将不及顾其他公益。故非兴可以操券之利，则万不得已，始可起债，此与国家起国债同。苟无能起债之信用，必不成为国家与地方，债若过多，亦终为累，信用何在？在监督财政者，共有债权，即共担债务，国家与地方一也。

第三节 坊厢乡图之会计

会计有三：(一) 岁出入之预算；(二) 出纳事务；(三) 决算。

(一) 预算。坊厢乡图之预算，乃预算之算简最近者，然法理则同。吾父老子弟，生为立宪国民，不久将有参与国家预算之责任。从坊厢乡图中先熟习之，目前则造福于坊厢乡图，嗣后且以此尽忠于国。此非细事，不可忽也。

会计往往不称历本之年份，而称年度。何则？年份从岁首始，至岁除止。会计年度则任以何月为始，如以四月为始，则以三月末日为前年度之终。本年度之预算，在前年度未终之两个月以前，制成预算表。预算者，估计之谓也。

预算由董事开列款目，本年度内，本坊厢、本乡图某事当用费若干，列为一表，谓之岁出表。表分经常与临时两部。经常者，年年有此出款。临时者，惟本年度特有之出款也。先有出款额，再估计入款。亦开列款目，本年度内本坊厢、本乡图某事当收费若干，亦列为一表，谓之岁入表。预算必先出后入，谓之量出为入。盖有不可不办之公事，先估定其费用，然后计其所入。相抵不足，则起税以益之，务使相抵而稍有余。既成，则以岁入居前，岁出居后，合为一表，谓之某年度岁入岁出预算表。再摘其总数，另制一表，谓之某年度岁入岁出预算总表，冠之其首。两种表式如下。

坊厢乡图岁入岁出预算表式

坊厢乡图岁入岁出预算表
某厅/州/县　某厢/乡
某年度岁入岁出统计预算
岁入
一岁入预算银……………………………………………………………
岁出
一岁出预算银……………………………………………………… 经常费
一岁出预算银……………………………………………………… 临时费
合计银　（本年度若无临时费，则前行与此行皆不填数目字）
岁入出相抵
余银

某某省某某厅/州/县某某厢/乡

光绪某年度岁入岁出预算表

岁入表

款　　目	前年度预算额	本年度预算额	附　　记
第一款　财产所生子息			（前年额与本年额相差之或多或少附记其故于此）
一			
二			
三（款目多则照开，非以三为限，下同）			

续表

款　　目	前年度预算额	本年度预算额	附　　记
第二款 使用费 酬劳费			
一			
二			
三			
第三款 杂收入			
一			
二			
三			
第四款 前年度 滚　存			
第五款 坊厢 乡图 税			
一			
二			
三			
合计			

岁出表

经　　常　　费			
款　　目	前年度预算额	本年度预算额	附　　记
第一款 公所费			
一			
二			
三			
第二款 会议费			
一			
二			
三			
第三款 土木费			
一			

续表

款　　目	前年度预算额	本年度预算额	附　　记
二			
三			
第四款　教育费			
一			
二			
三			
第五款　卫生费			
一			
二			
三			
第六款　救助费			
一			
二			
三			
第七款　警备费			
一			
二			
三			
第八款　劝业费			
一			
二			
三			
第九款　诸税及负担			
一			
二			
三			
第十款　公债费			
一			
二			
三			
第十一款　杂支出			

续表

款　　目	前年度预算额	本年度预算额	附　　记
一			
二			
三			
第十二款　预备费			
一			
二			
三			
合计			
临　　时　　费			
款　　目	前年度预算额	本年度预算额	附　　记
第一款			
第二款			
第三款			
第四款			
合计			
通计			

光绪　　年　　月　　日送交

岁出表第九款“诸税及负担”云者，诸税，如共有财产应纳之国税；负担，如电车、铁道等境内不得已之供应。坊厢乡图自造电车铁道，国家因军务等急事，无值通行之类。董事制成此表，既交到坊厢乡图会，坊厢乡图会照所开款目议其当否，呈报地方官。地方官为之提示于坊厢乡图境内，方为有效。议决时若违背法律，董事可返之而使再议。设表中漏载法律上应有之款目，地方官又可使之补载重议。

预算中既承认征收税项，后此更议征收法规，其事与预算无涉。

照各款目预算之数，有不敷用，得动用预备费，无需更由坊厢乡图会认可。

（二）出纳事务。预算已定，准之以为出纳，则有出纳事务，由地保掌之。董事以预算交付地保，地保一遵预算表，俟董事或地方官之命而支出之。应交之地方官者，俟地方官命。如所命违反法律，或超过范围，地保有不支出之权限。

所管出纳事务，每月必检查一次，每年至少又必为临时检查一次。月查归董事，临时检查则董事之外，坊厢乡图会亦选临时委员共检查之。

（三）决算。一年度既终，出纳已定，由地保以账簿交之董事。董事检察后，得加意见书，再交坊厢乡图会。坊厢乡图会查其岁出岁入有无违反预算，及用之得当与否。查无不合，则加认定，是为决算。

预算时有决议，决算时有认定，皆为议会监督之权。决算之后，如发见其中有违反法律超过范围等情事，由坊厢乡图会任其责，与董事等行政机关无涉矣。

决算毕，再呈报地方官存案。

第五章　坊厢乡图之联合

坊厢乡图衡宇相望，阡陌交通。其间所生利害，断无划然各为畛域之理，于是有联合之法。

向时地方公事，关系数区域者，原有会商之法。特无一定规则，故会商有时可不就范，甚且此厢此乡欲诿其负担于彼厢彼乡可以贿赂情面，借绅权官权立无理之案以相压。彼厢彼乡不服，则悍者械斗，黠者缠讼，丧身破家者累累。公益不见而公害昭然，此不自治之地方最可痛之事实也。

前文所云之事实，于水利之争，发见尤夥。外国设有水利组合之专法，又有耕地整理法。凡田亩分割，转辗易主，以致畸零不便者，法律为定公平交换之法，不得由一造任意居奇，此皆通力合作，为共同之国民。自治以后，当逐渐推究。议院一开，人民有参与立法之权，所待于请求者不少。附著于此。盖由联合之旨，类举一二，冀广自治之意也。

凡坊厢乡图其联合之性质有二：

（甲）协议联合。利害相关，不止一坊厢乡图者，由各坊厢乡图协议，呈明地方官存案。

（乙）强制联合。亦有协议不遂，而贫瘠之区终以不堪负担而难言公益者。邻近之地，多一教养不备之区，既为一方之羞，亦即为全国之玷。于是地方参事会得强其一造俯就协议，以图公便。未有参事会，则此条缓议。

凡地方上级团体，如省与厅州县，皆于议会之外有参事会。盖有地方推选参事员，于督抚及厅州县长官为合议机关。盖使官长不能独出意见，以听地方之治，必有当地参事员合议而后行也。坊厢乡图联合之应否强制，非地方官所能尽了，故必由参事会为之。

无论协议、强制，一经联合，则利害自然相关，杜争执于事前，械斗缠讼自无因而起矣。

坊厢乡图其联合之性质同，其部分又有二种。**（甲）一部分联合。**指定坊厢乡图中某事，如水利、病院、学堂等类联合之，使其事易举。**（乙）全部联合。**此必为最贫瘠之坊厢乡图，不论何项公事，皆有借助而后成。当其联合之时，必并规定其联合会议之组织，联合事务之管理方法，及其联合费用之措办方法。

若一乡中之某图当合邻乡而后便，则可使此图竟属邻乡，亦以协议或强制为之，此属更变区域之事，与联合不同。

联合之事实已毕，亦可解散。由协议联合者，仍以协议解散之。由强制联合者，必呈明地方官，得其许可。

第六章　坊厢乡图之监督

坊厢乡图既为自治体，而成民政部内之法人，则最高之监督权在民政部，递至省厅州县，皆为监督此团体者。

自治体之所以必有监督，正恐此自治体与彼自治体互有相妨之处。盖为全体求公益，吾坊厢吾乡图诚受益矣，而或致损及他坊厢他乡图，将急公之团体愈多，地方之冲突愈甚，何足为训。

吾国既奉谕旨责令地方自治，省厅州县长官仰体朝廷汲汲图强之意，断无过事干涉，妨碍吾坊厢乡图自治之理。今各长官之所以监督我者，法律全然未定。但吾坊厢乡图不可不先自处于有监督之地位，并自知自治范围以内，断不须顾虑监督，坐视公益而不为。此要义也。

何谓自治范围？前五章之所述皆是也。最要之一义，尤在自谋地方之利，不可害及他地方之利益。国家既必赖自治，而又不能懈于监督者，正以此故。吾坊厢乡图先自严定其分限，即所谓自处有监督之地位，甚且顾及国家之大局，于邻地之力不足谋公益者，来相协议，务平情以酌其宜否，不专主拒绝以自私。则将来法律大定，所求不过如是，吾父老子弟所足以自信者在此矣。

省厅州县长官其监督若有不当，则省厅州县之议会自有抗议之权，故监督之法其详见第二、三部，此所望于坊厢乡图者，惟其能受监督之实际焉耳。

第二部　厅州县

前所述之坊厢乡图，其于国家，如筑室之有基址，基址既固，无论何等材料，皆能承载。厅州县则其划分间架之柱与壁也。

厅州县亦自治团体之一级，凡自治之范围与坊厢乡图原无大异，兹就其相异之处详言之，亦如第一部分，为六章如下。

第一章　厅州县之组织

厅州县向来自有组织，但意在官治而无所谓自治。今奉谕旨，责令自治，在官长自能请求自治之组织，惟吾民亦当知地方官在我自治团体之中当居何等地位。

地方官之地位，一面为国家行政机关，一面即为自治团体中行政之长。如坊厢乡图之董事，凡在自治范围之内，无一事不遵议会所议决而行之者也。特地方官一人具有两种资格：（一）官治；（二）自治。

（甲）官治资格。厅同知、知州、知县，为国家所任命，非由厅州县境内人民所公举。其所担任之事务，如一厅州县境内所有外交、军事、警察等事，专为国家事务，而非自治团体中教养切己之事，此自治团体可以不问。苟于民业无关，一任地方官奉国家之法律或命令行之，此于前述坊厢乡图之委任事务同其性质，特其受委任之范围较大于坊厢都图耳。

（乙）自治资格。厅州县乃集若干坊厢乡图而成，区域较大，魄力亦较大。吾民自有一厅州县境内公共之利害，彼厅同知、知州、知县，特为厅州县行政机关之长。至地方之利害，一本于议会之议决，与董事之受成于议会无异。又恐官非公举，意不相浃，复公举参事员为参事会，以与官行合议之制，而官即为自治体中之一分子。

自治资格中厅州县长官之作用又有二。

（一）吾民在法律范围以内，则自治为谋公益，并不碍他厅州县之利益，亦不碍国家统治之权。此时厅州县长官纯乎为行政机关之长，而受成于议决机关。

（二）吾民在法律范围以外，则自治纵谋公益，而或碍他厅州县之利益，或并碍国家统治之权。此时厅州县长官又纯乎为国家任命之官，而尽其监督之职。

知地方官之地位，然后可以言组织。至其职务、权限，自在第二章言厅州县机关时详之。特恐吾国初行自治，视官之去民太远，则组织团体之方法无从措手。既破此一层，其余所谓厅州县之组织，仍不过土地人民而已。

土地即向来厅州县境，亦即合若干坊厢乡图之境。人民则厅州县之住民，即各坊厢乡图之住民。公民亦即各坊厢乡图之公民。坊厢乡图之事理，厅州县之事即无所不理，故组织无待烦言也。

第二章　厅州县之机关

厅州县之机关有三：（一）厅州县会；（二）厅州县参事会；（三）厅同知、知州、知县。

坊厢乡图机关，分议决及行政两种，厅州县亦何尝不然。厅州县会，厅州县参事会，皆为议决机关。特厅州县会纯为民议，厅州县参事会为官民合议耳。厅州县官则率其下之佐贰杂职，为行政机关，办理地方一切事务。

第一节　厅州县会

积若干坊厢乡图，划为厅州县之区域。既划定，则以厅州县为一团体。体中之知觉，寄之议会，与坊厢乡图同。但坊厢乡图之团体，其力仅能自顾，除征收国税而外，大约不出自顾之范围，议会正为自顾而设，故坊厢乡图公事多决于议会。厅州县事务动与国家有关，国家有制定之法律，行乎其间，则应归议会议决者，其权限转隘矣。

国家法律，在立宪之后，原须由国会议决而后定，故法律亦未尝不出于民议。惟其责在国会，非厅非县会所能过问。独厅州县所自为谋，而为法律所未定者，则用此议决机关耳。今分五款述之。

一、厅州县会之组织，其目有八

（甲）选举主义。坊厢乡图有选举权者，其人数无多，无庸分其主义，厅州县则有主义可言矣。

凡选举主义有二：

（一）直接选举，一名直选举。凡有选举人，直接选举议员，经一次选举而即定者也。（二）间接选举，一名复选举。凡有选举权者，所选举者止为选举人，再由选举人选举议员，经两次选举而后定者也。

现今各国大概用直选举法，吾国初行选举，寻常有公民资格之人尚未必有识别议员之能力，似当先行复选举法。人即甚陋，意中必有一二识字明理，必以为可恃之人，举之而使彼识字明理之人，再选议员，较为得力。然不久即当废之，选举法行之数年，不患人民知识之不进也。

（乙）议员定数。小县三十人，中县四十人，大县五十人，厅、州视大县。俟自治体中查清人口，再议人口与议员分配之法。

（丙）选举区。厅州县即为省会之选举区，而厅州县会之选举区则大概宜以城厢为一区，乡为四区，盖分区过小恐人才不易得也。区既划定，每区得举几人，不得不以人口为比例。旧有烟户册虽不可凭，姑据之清查人口，为自治第一下手这法。第一年稍含糊，第二年断无不了然矣。

按：除选举议员之外，税法、学制、警政无不从人口为分配。吾国以不自治之故，凡言公事，并非人民公共之事，转为蠹害人民之事。故胥役谓之公人，民视之为豺虎，衙署谓之公门，民视之如牢阱。圣君贤相知其然也，务令地方绝少公事，以为安民之计。于是且以停编审为德政，人口混淆，政本先堕矣。国无政事，夫岂偶然。

（丁）选举权。厅州县区域较大，不能如坊厢乡图行等级选举之制。何则？地大人多，核算太烦。且一厅州县之中，贫富之差甚远。

今虽富人未必纳税，税法一定，自不能免。以少数富人，占全厅州县议决之多数，贫民将被压不堪，不可行也。

以大概言，在本厅州县境内，已有坊厢乡图之选举权者，于厅州县会仍有选举权，然不能不略加限制。各国多以财产为限制，亦不尽凭其纳税额。今选举初行，限制宜宽，以期普及。惟酌量选举人之身家，较更优于坊厢乡图之选举人而已。

（戊）被选举权。此其资格，亦与选举权同本于坊厢乡图，而身家较裕者当之。但其所谓缺格者略异，缺格者本有被选举权，因其有某种避忌而失之也。

缺格有七：（一）本厅州县之有给吏员；外国地方官，不必非本地方之人，但由国家任命者即为官。故地方议员之缺格，并本地方官在内。交通既便，何所谓同省、隔省之别。吾国将来隔省服官之法，亦所必废。今则暂无本省人为本省地方官者，故缺格内亦不数及此。（二）执法之官此亦司法独立以后之事及收税官吏；（三）僧道及诸宗教师；（四）有关系于选举事务之官吏及吏员而在其关系之区内者；坊厢乡图董事等皆在其内。（五）承揽厅州县公家工作之人，或与厅州县公款通往来之公司中夥友；（六）现为官吏，虽不关本厅州县，然当选后未受所属长官之许可；（七）现为国会议员，当先后未辞国会议员之职；此有国会以后之条件。

（己）选举人名册。每一选举区立一册，一册又謄成若干本，以备分给各投票所。凡资格合有选举权者，由所住坊厢乡图之董事据本人所自陈明，为之注册。册内无名，虽合格不算。合格而又有名，则定册后一年之内，凡遇选举，皆为有权。其一年之期，设如以十二月十五日为始，则至次年十二月十四日为止。

造册有定期。先定册三月而造，造一月而成，成后两月而定。设如十二月十五日为定册之期，则九月十五造起，十月十五告成。造册时未能合格，后乃合格者，加入次年之册，本年不中途更改。其实系造册时遗漏，则申请厅州县参事会，得其裁决公文，亦可参与选举，此为册上无名而有选举权之一例外事。

册有二：（一）底册；（二）名册。与坊厢乡图同。其修正及纵览及异议等情亦同。

（庚）选举种类。（一）定期改选。以四年为厅州县会议员之任期，二年改选半数。（二）解散后之选举。（三）补缺选举。二者皆与坊厢乡图同。（四）以人口定议员之数，则人口加增亦应增选。

（辛）选举节次。其目有四。

（一）揭示。地方官必于选举期前二十日，揭示布告公众。其必载揭示中之事项：1. 投票日期；2. 选举员数；3. 各选举区选举员数。其余有应公告者则载之。惟无前三项，则为不成公告，其揭示为无效。

（二）投票。票纸由地方官印给。投票所仍在各乡各厢之董事公所，或董事指定其场所，于选举前五日由各董事公告定夺，并由各董事管理其事。乡之地大，厢之人多，酌分数所投票，听董事酌定。

前所云选举区，一厅州县不过四五所，区内若干厢或若干乡投票时不分界限，照选举名册中有被选举之资格者，此乡与彼乡，此厢与彼厢可以通选。

投票，仍用单记不记名之法。投票时管理之人，仍由董事及董事之补助员设数所投票者，必用补助员分管，投票执事人仍由董事于选举人中选任。每一投票所，二人或四人。其余一切关防，皆与坊厢乡图之投票时无异，惟必另备一空白之册，谓之投票册。

票必亲书请人代书，为目前暂用之宽法，所以便不识字之公民，亦与坊厢乡图同，简必亲投。投后书名于投票册中，而捺印于自己姓名之下。

捺印一事，西人多用签字。日本人用汉字，不便于签，故用捺印代之。凡与人有交涉之人，无不刻一小图章，随身携带，其质用木用角，一听自便，并有小朱色盒附之，价廉而用溥。吾民从向无法律之中，渐进于有法律之境。向来口说无凭之事，必以有凭为宜，则此印章在所必用矣。董事则制投票录，记载投票始末，与执事人一同署名，并一同将票筒及选举录送至选举会场。

（三）开票。选举会场乃一选举区一所，选举区内见地方官揭示选举期，即由区内若干董事中推举一人为本区之选举长。选举长指定某一公所或某一祠庙空廨为选举会场，先期出示公告，临时又就各厢各乡之投票执事人以抽签选二人至六人为选举执事人，次日开筒，即由选举长会同选举执事人监视之。

监视之时，先就各筒点其票数与投票册中捺印之数。数目相同，则全筒之票为有效，否则，全筒皆撤去不算，止以他筒不误者计票。此有效无效之关系多数者也。至各票之不合格而无效，其条件与坊厢乡图会相同。

开票既毕，选举长偕执事人制选举录，详载选举始末，以其副本报告地方官。

（四）当选。用比较多数之法，与坊厢乡图同，惟由各选举长通告本人。凡一人产业关数选举区，则数区之选举册皆有其名。若当选于数区，则以受最后通告之日起，尽十日内由本人向地方官自认，不记即作为辞选。其余当选人亦皆于通告后十日内向地方官承认，不认即作为辞选。辞选人以次多数为当选。

承诺后，地方官当给予当选之证，并将各新议员住所姓名揭示署前，以告公众。

二、厅州县会之起止

开会、停会、休会、闭会、解散均与坊厢乡图会同。惟彼之应由董事所作为者，此则以地方官任之而已。

三、厅州县会议员之地位

（甲）权利。坊厢乡图会议员权利，厅州县议员皆有之。惟刑法上应有特别保证之权。外国法律，日本以压力最重闻于天下，然其保护议员及议员之罚则尚有五条，属于普通刑法，译录下方，以资参考。

明治二十二年十一月法律第二十八号

联裁可保护议会并议员之件，兹公布之：

第一条 对于以法律所组织之议会，公然诽毁侮辱者，处二月以上、二年以下之重禁锢，附加十圆以上、百圆以下之罚金，但待议会之告诉，方论其罪。

第二条 对于前条议会之议员，就其公务上之言论行为，公然诽毁侮辱者，又加暴行于议员者，处一月以上、一年以下之重禁锢，附加五圆以上、五十圆以下之罚金。

第三条 当议员行其公务，以暴行胁迫，妨害其言论行为者，处四月以上、四年以下之重禁锢，附加五圆以上、五十圆以下之罚金。

第四条 意在使议员辞职，或意在妨害其公务上之言论行为，而胁迫或恐吓其议员者，处十一日以上、二月以下之重禁锢，附加二圆以上、二十圆以下之罚金，但待被害者告诉，方论其罪。

第五条 因犯第二条、第三条之罪至殴伤议员者，照刑法殴打创伤各本条，加一等从重处断。

据彼国律文，所称法律组织之议会，则最小之自治体议会，如吾坊厢乡图会，原未尝不在法律组织之内，盖此五条本为一切议会之通则。惟坊厢乡图会议事，彼此皆日常聚首之人，且坊厢乡图有事会议，相沿已久，为议员者，无需动辄挟法律以自重，故不载于彼而载于此。如事实实有妨害议员者，坊厢乡图会原可据此以自保也。国家既促我民自治，即其保护之法至少亦必依日本，不久当见明文。即无明文，吾民为议员者，自有可信者在也。

议员在会场时，据外国法尚有三种特权。（一）不受刑法限制。日本国向沿我国刑法，有诽毁罪及侮辱官吏罪，然于议会中议员之言论独不能以此律绳之。昨年日本国会中已议定，遂削此律，盖自后全国民俱无此罪名矣，此官民渐趋平等也。（二）不受官法限制。官吏违抗上官，有一定之惩戒处分，议员对于政府，不受此种惩戒，止可驳回再议。极而至于解散，无余事矣。（三）不受民法限制。议会所议期于多数人受益，难保少数人不从而受损，受损之人不能以民法中赔偿损害等律文责望议员。

以上身体自由、言论自由之权利，坊厢乡图会亦同有之。但责任较轻，无对抗官府之事实。厅州县会则万不能免，故详说于此，至省会则一律可推矣。

(乙) 义务。与坊厢乡图会同。

厅州县会议员名誉较高，故任职亦不必强制，欲辞即辞，此权利义务之微不同者。

四、厅州县会之权限

民生日用之便益，恒在最下级团体为之代谋。厅州县已属补助其缺乏，结合其涣散，监督其冲突之团体，故谋益之事，不甚烦琐。且法律所已规定者多，其议决当在国会，故权限尤隘。其目有五。

(甲) 议决。

（一）预算。此事全由议会议决。

（二）使用费、酬劳费、厅州县税及夫役物料，各种征收方法，除法律所应定者之外，由议会议决之。

按：此项今当暂作变通办法。使用费与坊厢乡图无异，此不必言。酬劳费则向来民间所劳动地方官者，大率皆为讼事。司法未独立，虽行自治，然词讼仍不能不由地方官，法律既不全备，吾民当善体朝廷责令自治之意，不可不将讼费由议会议决，不但议决，且监督之。

向来存案立案事件本非讼事，而大半为构讼张本，吏役视其情事以为婪索。又田宅卖买过户纳税旧名完粮，除契税外契税在外国谓之登录税，区书任意索费。衙门未必全无定章，民间既多不知定章若何，而区书等且明有定章而悍不遵守，民间亦无如之何。此向日酬劳费之难言也。

外国以公团体为人民所托庇，吾国以公门公差为荼毒人民之物。前既述之，今于此等处宜议决定章，严加监督。

裁书吏之说，有其语而未见实行。差役数目照各地方所额设，原不甚多，而一卯名暗中分作多分，如产业之可以剖割，又有所谓白役者，更在卯名之外。以同厅州县乡里邻好之民，无端令占一贼害乡邻之职业，此不自治之过也。

地方议会纵无议改法律之权，然裁书吏，复差额，禁化名，革白役，此本旧法律所有。吾民以议会实行监督，公选其人以充之，又明定其酬劳，而收之为厅州县之经入，庶乎有澈底之望。盖历来所叹息痛恨者，已垂千百年矣，而莫之能挽，以止有一时之议论，为之发挥，并无永久之机关为之厘剔也。

厅州县税及夫役物料，其理与坊厢乡图同，详见下财政章。

（三）厅州县公产之卖买出入及处分之方法，亦全由议会议决。

（四）措置积谷存款等事，及以后处分之法，亦全由议会议决。

（五）预算之外，新负担之义务，新抛弃之权利，亦全由议会议决。

（六）厅州县财产及营造物之管理方法，除法律所已定者如官署学官之类之外，由议会议决之。

（七）厅州县常设暂设之公共执事人，其委用方法亦全由议会议决。

按：此即善堂司董，及各种因地方公事，聘用雇用之人。向来以趋奉绅士，伺候官长，糜费薪水，侵蚀款项为其职业，一归议会议决委用，窟穴之清出不少。

（八）凡法律命令，定为厅州县会权限之事项者此将来之事，自由议会议决。

（乙）选举。

议员中选举议长、副议长等，皆与坊厢乡图会同。惟坊厢乡图会即选出行政机关，厅州县会则官吏自有任命，与议会无涉，所得选举者惟名誉参事会员而已。

选举名誉参事会员，即由议员中互举。举时，照应选员数多加一倍，以为候补员。有阙时，由地方官序补。其次序选举同时者，依投票数。票同者，以所生年月论。年月相同，抽签定之。仍有阙员，再行临时选举。补阙员，以前任所遗之任期为任期。议员既就参事会员之职，仍兼议员之职。但即辞议员之职，仍可专为参事员。

（丙）认定决算之报告。

地方官报告决算于议会，先付参事会审查，参事会若有异言，则地方官更将参事会意见明载决算案中，交至议会。俟议会认定后，乃得报告督抚转报民政部。此后地方官为无责，并须揭其大纲，示之公众。

（丁）陈述意见。

与坊厢乡图会同。

（戊）内部事务。

事务有四。（一）定会议规则。（二）设约束旁听规则。以上两项应呈督抚及民政部存案。（三）选任参事员。（四）惩戒议员。凡议员受选举人委嘱，会议时用无礼语，又或涉及他人私德，又事关己身及父母兄弟亲戚，未得会中同意，遽来与议，此等违反法律及会议规则之议员，得由议会决议，设五日以内不准到会之罚。

五、厅州县会议事规程，其目有七

（甲）整理议场。厅州县议会由厅同知、知州、知县发布议案及其议期，由议长定会议之次序。定开会以后，每日之开闭，并约束议场，使有秩序，不至紊乱。

（乙）使用权力。前言约束议场，使有秩序，在议员之紊其秩序，议长所以防止之者，得发声禁阻。不从命，则得终日禁其发言，或使当日退出议场之外。更甚，得招呼警察官吏弹压之。议会乃法律设定之机关，与集会不同，原非警察所能干与，故必议长招呼之。在旁听人妄为赞否，及嘈杂妨碍议事，议长亦应加防止。不从命，即使退出场外。更甚，亦得招呼警察。凡以上之防止仍难整理，可由议长停止当日之会议，及竟闭止之。

议长非有威力可以加入，特其责任，除可否同数时视以取决之外，以整理议场为专责。故遇有不整理时，议长不及觉察，议员或地方官或地方官所委莅会之员，得请议长留意。议长既有此责任，地方官亦不得搀越，止能请议长留意，不能自为禁沮也。

（丙）公开议事。议会所议，正住民切己之事，自不当禁其旁听，惟得阻止沉醉及癫狂者耳。特有两种例外：（一）地方官请禁旁听；（二）议员三名以上议禁旁听，则俟议长许可，得一禁之。但设有全体住民来相反对，仍无不公开之理。

（丁）定数开议。议员不能全数到会，然必定一最少之限，不及乎此，不得开议。今参酌各国之法，以半数为限。到时有半数，开会后因事退去，至不及半，则由议长宣告停会。又议员中或现有阙额，所定半数仍为原数之半，不用阙额以后之半数。

（戊）议决方法。过半赞成则为议决，可否同数，由议长采决。议长除此采决权之外，别无议决便宜之权，此皆与坊厢乡图会同。

（己）书记。厅州县会置书记，隶属议长，受议长之命，处理会中一切事务。其任免俱由议长，非议员之性质，故由会中开支薪水。

（庚）会议录。书记承议长之命，详记会场议事始末，并到会议员之姓名，以及公议等件。应发表者，制为会议录。其中必得议长及议员二人以上署名，议长复将会议之结果添附会议录，报告地方官。

第二节　厅州县参事会

厅州县议会议员散处于全境，召集不易，人数较多，程度不一，遇事理较为艰深，解决亦更不易。各国除最下级自治体外，无不设参事会，常居厅州县城现在厅州县大概皆有城垣，将来警察完善，军事精良之后，断无斗大一圈，自夸保卫，而置四郊于度外之理。则今日以有城而姑言城，其实则谓与厅州县署相近，即谓与会场相近也，则召集易，程度经精选而相等，则解决易。故凡厅州县会中所议事务，其详细条目，或特有紧急事件皆得由参事会议决之。其目有五。

（甲）组织。厅州县参事会组织各员：（一）厅同知或知州或知县；（二）参事会员。

参事会员员数，厅州及大县八人，中小县六人，其选举法详前。

参事会以厅同知、知州、知县为议长，有故则照参事员，选临时议长代之。其丞簿以下，品格与厅州县长官相隔太远，且佐杂为自治后必裁之员，不得由长官委代莅会。

（乙）起止。召集参事会，亦由地方官。或参事员请求，而地方官为之。惟地方官又为参事会之议长，有开会、闭会之权，停会、解散则无法律之关系。盖无何等事情，得用何等衙门来相停止、解散也。

（丙）参事会员之地位。有关系于自己或其亲属，不得与于议事。倘由全体会员认可，则可以与议，而无议决之权。会议时必有议长或代理者，及参事员半数以上，或参事员尚不及半数，地方官可召集议员中曾举为候补参事员，而无本身亲属等关系者暂补充之。仍不及半数，则指名议员之无关系者，暂补充之。此为与议之权利。

地方官自不得再受公费。名誉职则受之，然不必定月给。设如居近会场，则到会之所费者少，远乡奔赴，所费即多，计实费以给之。日本即如此。吾国若用月给，亦无不可。惟既受月给，则非有重大理由不得缺席，以杜素餐之弊，且免时时牵率候补者及他议员也。从支给实费之法，则候补者及他议员有参事会之行，即给莅参事会之费，无所窒碍矣。此为受公费之权利。

地方官于参事员无处分惩戒之权力，议场本不公开，无旁听人之喧扰，参事员人数无多，自当守整齐肃静之法律，不必言也。此即参事会员之义务。

（丁）权限。厅州县会自以某事项委任参事会，则有议决之权限。否则，不及召集厅州县会时，得代行议决权。又在厅州县会已决议之范围内，可议决其细目。此为议决权。

坊厢乡图公事上之诉愿及诉讼有裁夺之权，裁夺诉愿谓之裁决，裁夺诉讼谓之判决。又于地方官及他官署，有陈述意见之权，于厅州县之出纳，有检查之权，于坊厢乡图有监督权。

至其内部之权限，参事会议长及代理者，由地方官及地方官所委，会中无选举之权，地方官与参事员为合议体，整理内部规则之权，自与参事员共之。

（戊）议事规程。此与厅州县议会互有同异。

（1）不公开。偶或公开，是为例外，此与议会相反。

（2）多关细目。不脱离厅州县会之意，而特代致之完密之地。

（3）定数开会。与议会同。

（4）议决方法。与议会同，惟就所议决，应与调查而后执行者，其调查员即由参事会选举。

（5）会议录。与议会同。

第三节　厅同知、知州、知县

厅同知、知州、知县为地方官，其职掌但有旧制，亦多不名为法律。自治之法既行，与旧职制多不相合。将来改定职掌，乃国会议决之事，非地方团体所能及。吾民今日可研究各国官制，以待建白于国会。至在自治体中，自为自治之所当为。则地方官遵旨助我自治，无与我扞格之理。所虑者，我民自治之未必合法耳。

若以上所言，皆自治之有根据者，上奉朝旨，旁采各君主国自治成法。地方官而贤也，则彼亦国民，必惟恐国民之无力，将有以大匡其不逮。即不然，吾自治体自受命于国家，自准据于法理。此后更以求学为师资，以自治为实验，徐俟国会有成，吾民以心理参与立法，微特地方官而已，即政府之为政府，皆藉吾民心理，结撰而成，吾民苦不自勉耳。

至地方官在自治体中皆居何等地位，已见本部第一章。地方官之补助员，如今日丞簿、巡典之类，皆将改或将废之物，更不足论。欲令设官与宪政相应，非国会不为功。今就自治体力所能及者，不言官而言吏，先清地方之弊薮焉。

第四节 吏役

在外国法，官之所任命者谓之吏员，与议会共任之者谓之委员。吾国向以非本地之印官为委员，则当以官所任命者为官，而官与议会共任之者为吏，吏之中供奔走者又为役。将来法律定后，吾不敢断言其无出入，今欲自治制之可行，不能不先去其泰甚者。

书吏之为吏，吾国已有裁书吏之明文矣。夫书吏之本来面目，原非如今日之窟穴，任职有期，期满无过，予以一官。明初以吏员为正途，盖由地方公吏进而为国家官吏，与自治体中之公吏无异。所不同者，不由公共监督，吏遁于官法，渐蠹民以自肥，此根本之误也。

吾国法典，如“会典”等书，处置书吏之法甚备，断无许其终身盘踞，甚且世袭之理。京内各衙门书吏，期满叙官，而必勒令加籍候选。有逗留者，五城司坊官驱逐之。定例何等严密。退卯候选，犹恐其在京勾结。各直省大小衙门皆然，书吏之任期与官同，断无踞为永业之理。盖明明可考也。

今国家言裁书吏矣，而书吏之盘踞如故。夫地方官之不能无吏，事实上诚有然者。吾国政体未改，所设吏职亦诚不能以各国之法论。将来自当由国会以法律重定一切，今暂由自治体为地方破除黑暗，稍见天日，则监督之责自在议会。夫用何种标准监督之，亦惟准于法律而已。今法律虽未备，旧法律自在，录之如下。

《大清光绪会典》第十二卷第十四页：

设在官之人以治其房科之事，曰吏。凡京吏之别三：一曰供事，二曰儒士，三曰经承。外吏之别四：一曰书吏，二曰承差，三曰典吏，四曰攒典。皆选于民而充之，役五年而更焉。非经制者，曰贴写，曰帮差。其滥者禁之。

谨按：五年而更，勒为定典，此无可疑者。惟贴写帮差，何以能滥？何以待禁？此实政体之关系。事有繁简，事繁之时以工食雇用数人，事毕停给工食，自然解雇。吾国正以“工食”二字，有名无实，贴写帮差其人本不为工食而来，但求依附于吏役之列，即能假官势以婪民财。至法典有明禁，而趋利者势不可止，此其所由愈禁愈滥也。由议会监督之，实给工食，而不得假官势，典吏攒典且然，何论贴写帮差，此真能代国家行法矣。

凡各衙门之吏，在京则任其管辖之官而稽查之，外省则任稽察衙门。岁终，本管官取其结而申焉。有重役者，朋充者，役满不退者，舞文弄法者，皆治以法。

谨按：法典严稽查，试问从来察出一人否？役本不退，无所谓重。至所谓治以法者，律例具在。

《大清律例·吏律》职制：

滥设官吏律　若吏典、知印及承差、祗候、禁子、弓兵人等，额外滥充者，杖一百，迁徙。比流减半，准徒二年。容留一人，正官笞二十，首领笞三十，吏笞四十。每三人，各加一等，并罪止杖一百。罪坐所由。容留之人不坐。

滥设官吏律条例　各直省大小衙门经制书吏，即在现充书职内，择勤慎办事之人，核实取结承充。倘有悬挂空名，并不亲身著役，将本人照“吏典人等额外滥充律”治罪，该本管官照例议处。按：吾国有等地方，有绅士窜名吏籍，而使人代应役务者，以吏为利，至于此极，吾民之受害可想矣。

举用有过官吏律条例　凡在外各衙门书役投充，务查该役的名，取其并无重役冒充亲供互结，行查本籍地方，该地方官加具印结申送，方准著役。倘有役满不退者，杖一百，革役。本管官不行查出，交部议处。

谨按：行杖虽非文明之法，律文未改，以此见吾国现用罪名焉耳。

吾国官吏，多分六科办事。外国地方，官为人民与国家交涉之中心点，六科俱无所用之，刑事则绝不过问。其他间有关涉，或委补助员，或由议会举员，经理其事。惟户籍吏与收入役，则为地方必有之职。户籍吏在我谓之区书，收入役在我谓之库书。依外国法皆为下级之官，不当以书名之。

司户籍者，即图董、厢董之兼职。图董、厢董为名誉职，户籍吏则受国家之俸给，如是则区书可废。收入役当存巨款作担保，以其款算入地方预算，而给以利息，亦受国家之俸给，此皆外国成法。参事会议会当逐渐主张之，不能强国家必给以俸，或竟由地方团体给之。多一无给之吏，吾民所负担者必不止俸给之数。国家将改良币制，恐平余等陋规亦不可以久，宜逐渐清其源也。

第三章　厅州县之事务

厅州县多不关自治之事务，就地方官为自治机关而言，则当分关于自治者为本有事务，不关自治者为受委事务。

（甲）本有事务。厅州县议会所应议决之事务，即厅州县本有事务。地方官止有认其不合法律，还使再议之权，并无认其所决，而不予施行之权。盖地方官在自治体中虽有意思，止为第二层意思，且止为第二层意思之一分子。何则？议会所委任，或议会已议决而未详定，乃归参事会议决。地方官又不过参事会中之议长，止有可否相等，以己意择一之权，无以己意压参事员之权。

（乙）受委事务。地方官受命于国家供国家之驱策，原属国家之官制。人民即欲参与之，亦必由国会参与，非地方团体所能问。在吾国，地方官职掌虽不日必改，现尚在权限不清之时，身兼行政、司法之责。受委之事愈多，其受委亦止地方官之一身，并不以自治体之机关受委，此无庸吾民为之规定者。

征收国税一事，吾国惟地丁漕粮为经常之税。既由坊厢乡图而纳之厅州县矣，其余厘课，大宗不归地方官。惟国家有急用，往往随地乱派，一切由地方官指名抽捐，所抽大概皆地方特别税之性质，又不名为税，而名为捐。税者，负担义务之义；捐者，抛弃权利之义，事理大有不同。混而同之，既难言税法矣。

国会不立，国家有急，欲增加人民之负担，而无统一之法，致用地方税之性质为国税，因而地方官敛捐之时，亦不能不商诸地方之绅。若有议会，势必商之议会，是法理上不应以机关受委，而事实上必有难与划清者。遇此事实，吾地方其何以应之？此当详于下章之言财政。

第四章　厅州县之财政

厅州县财政与坊厢乡图财政性质相反。坊厢乡图财政近乎私人之生活，以基本财产为主，不得已而收地方税。厅州县财政近乎国家之度支，以地方税为主，略有基本财政。分述如下。

第一节　厅州县之财产

凡厅州县财产，不甚有使用财产，而多周转财产。盖使用财产，多附著于土地，即多分属于坊厢乡图。周转财产，亦无一定基本非基本之分，如积谷、存款及厅州县之官产，皆不似坊厢乡图之必不动本。盖地方税为厅州县财产来源，无庸过为囤积之计。其余则前年度岁计之余款，或预先征收地方税，皆可作财产论也。

公用与私用不同。负担者多，临事征收，并无窒碍。非比私家，局于一定之入款，非量入为出，不可持久。盖从多数人征收，每人所出无几。坊厢乡图人数较少，即稍顾积储。厅州县魄力不同，量出为入，自足济事。

古时治国，亦讲积储，以国家不先将用财方法求人民承认，则平时无可恃之盖藏，恐临事追呼不易。横征暴敛，乃暴君之所为，贤明之主，无有不汲汲于积储，政体然也。于是“君民一体”四字，尽成虚语。今立宪之政，地方即其具体，观于厅州县之财产可以知治国用之道矣。

第二节 厅州县之收款有二

（甲）外来之补助。国库及省助厅州县之经费，即所谓动用国帑，作正开销者也。吾国厅州县支款，本取给于国帑，特为地方谋发达者亦少。间有设施，往往由地方官捐廉，以为之倡。夫廉俸本以恤官，动辄捐之，何可为训？幸而银价漕价，官之取民，自有旁出之途耳。今当就厅州县经费通盘筹划，而以向来正杂钱粮，留支本地方经费者，作国库之补助。又有贫瘠之区留支不足，又由省拨他厅州县之解款，协济一地方者，作者之补助焉。

吾国厅州县可云无一处不受国之补助，贫瘠之区则兼受省之补助。据外国法，地方受外来之补助分为两种：（一）常年经费额中，定几成为应受补助之款；（二）遇不敷，即请补助。此二法现时事实皆不便于吾国。今当据厅州县向来留支及拨济之定款，作为国库省库之补助，列入地方收款之一宗。

（乙）本体之征收。与坊厢乡图同。分公法征收、私法征收二种。

（一）公法征收。其类有五。

（1）厅州县税。亦有附加税、特别税之别。大致已见坊厢乡图税法。其详目更列于后。

今日厅州县所取之于民者，惟丁漕足当国税，其余皆止有厅州县税之性质。其中有实以地方税为国税者，甲午、庚子两次大赔款，所悉索吾民者是也。有实为地方税者，诸新政经费是也。吾民向来亦不分国税、地方税，但知官取于民而已。

自治制既行，吾民当知所区别。凡国税，不外地租、营业税、所得税三种。吾止有地税一种，而又不计地价，则农亩之地什而取一，市廛之地百而取一、千而取一不等，采租愈厚，纳税愈薄，已不免宽富而虐贫。营业税不取小商人，所得税不取仅仅温饱以下，此皆取之殷富。而吾国一切无之。是吾国所谓宽政，独宽有力之家已耳。

由此当筹两种办法：① 促起国家定税法之意思；② 清厘地方税，使归发达地方之用。

第一项　定税法，必在国会，国会不立，虽欲定之，而无所措手，在国为不足，在民为不均，是为上下交困。

第二项　清厘地方税，又有两种。1）就现在为清厘，归赔款者，暂认为国税；归新政者，则认定为地方税。取地方税归入厅州县会预算，省地方官之劳，亦以防地方官亏空事故，擅移此等闲款，流摊蒂欠，致为所蚀。2）就将来为清厘，税法既定，凡不合国税性质者，自应归入地方税，并无赔款、新政之分。且新政之款，当由国税支拨者亦正不少。至此时或嫌地方税太重，有分别蠲缓者矣。

（2）夫役物料。与坊厢乡图同。

（3）坊厢乡图分担费。事关厅州县全境公益，亦可以其所需费额分配各坊厢乡图，令供给之。其由坊厢乡图利息项下拨给，或向住民征收，听坊厢乡图会自行议决。此亦前述坊厢乡图预算表内所载“诸税及负担”之一宗也。

以上三项皆为普及征收不言酬报之款，厅州县经费，此为正宗，故列于前，而以有报酬不普及者列后，亦其与坊厢乡图不同之处。

（4）使用费、酬劳费。大致与坊厢乡图同，其不同之处，又已见议会议决事项之内。总之，差胥、吏役皆为民事而设，事主有事劳其人，自应给费。惟费额由议会定之，且归入地方收入正款，绝非差胥、吏役所能染指。而差胥、吏役既定相当之名额，又给有著之工食，务足赡其身家而后已。编入预算，官亦不得而克减之，此吾自治体之责也。

(5) 罚款。罚款有二：① 人民罚款；② 官吏罚款。官吏罚款，必归入地方收数。今日法律未改，诚未易言。则人民罚款亦何从而规定。地方官既有裁判之权，人民动辄遭罚，而官不自罚其属，亦非所以持平，则姑缓议此事。惟于坊厢乡图行之无窒碍者，实行此种收入而已。

(二) 私法征收。厅州县公产之租息，或其变卖之价，又公债及一时暂挪之款，皆属私法征收。除租息外，皆经议会议决而行之，大旨与坊厢乡图同。

第三节 厅州县之出款

凡厅州县之出款，约计十二目。

(一) 警察费。

(二) 土木费，及补助坊厢乡图土木费。

(三) 厅州县会议诸费。

(四) 卫生及病院。

(五) 教育费，及补助坊厢乡图教育费。

(六) 衙署建筑修缮费，及分担本府衙署建筑修缮费。将来裁知府一阶级，则此项自废。○言本府并其佐贰首领官在内。

(七) 差胥、吏役工食，及因公用费。印官廉俸，向来亦由来地方扣支。

今不列入，留作省之财政，以全体统。

（八）文书告示费。纸张笔墨无论已。公告之物，小者悬牌，大者揭榜，通衢广陌，足耐风雨，足经日月，无不需费为之。惟向来所谓勒石永禁之事，则可废去。天下无多年不弊之法，有所不便，临时议决去之。流水不腐，法亦如之。向惟专制，故不解此意耳。

（九）劝业费。农工固已。照吾国现情，矿业亦宜有所劝。山乡弃实于地者不知凡几，自治而后，地方以公共之机关收公共之乐利，转贫为富，此其时矣。

（十）厅州县税取办费。此即向时火耗运脚之类。今地方税虽不必倾镕成锭，然兑差蚀耗及运送现品等费，亦所必有，非工食也。

（十一）监狱费，及监狱建筑修缮费。

（十二）预备费。

以上十二项，除预备费外，各归款目，不得彼此牵用。又其有视地方情形，应添列款目者，由议会议决，而呈由督抚向民政部立案焉。

第四节　厅州县之会计

厅州县之会计与坊厢乡图同为三事。

（甲）预算。厅州县官于每一会计年度之前，会计该年度之岁入岁出，制预算案，付参事会先行检查。参事员无异议，则制为正书，送付议会。经议决之后，即报告督抚及民政部，并揭示其要领于境内。议决之数与官之意见不同，官得请求议会再议。仍执议如前，则得请示于督抚及民政部。

凡预备费之用有二：（一）预算以外之款目；（二）预算额以外之溢数。此二项皆可开支预备费。然添目添额，已经议会所否决者，则不得擅用此费。

厅州县预算书式如下：

某年度某省某厅/州/县岁入岁出预算书

岁入

经常部

第一款　国帑留支

第一项　截留以下各项，举其大略。一款之下，可多至若干项，并无限制，视其需要而已。

第二项　拨协无此项则去之。

第二款　附加税今惟亩捐可当此名。

第三款　特别税凡奢侈游乐之物，以及有力者之所需，由议会平情议税。一应地方杂捐，向有而不合此性质者，宜与蠲除。合此性质者，则可细辨其是否，次第议课之。

第四款　财产所生之息

第一项　不动产生息

第二项　动产生息

第五款　杂收入

第一项　酬劳费

第二项　使用费

第三项　罚款

第四项　医院药价及入院费凡医院学堂，兼人与物而为一营造物，除药价尚有原料售给之外，其余多兼酬劳、使用两种性质，另款列清，以醒眉目。

第五项　诊察及手术费

第六项　学堂授业费此指地方公立者。

第七项　公物卖价

第八项　囚徒工钱将来废枷杖等刑，则工作之犯尤多。

第九项　施舍物购价售入之款如平粜施粥之类。

第十项　公共营业之利益

第十一项　分赋坊厢乡图之款

第十二项　杂款

经常部合计

临时部

第一款　滚存旧管

第二款　国帑补助此系奏请作正开销者。

第一项　某费补助

第二项　某费补助逐案开列，不定项数。

第三款　捐助款

第一项　某费捐助

第二项　某费捐助

第四款　财产变价

第一项　不动产变价

第二项　动产变价

第五款　厅州县债

临时部合计

岁入总计

岁出

经常部

第一款　警察费

第一项　俸给及辛工

第二项　警署及巡查派出所

第三项　机密费雇用侦探之类。

第二款 警署修缮费

第三款 土木费

第一项 道路桥梁费

第二项 治水堤防费

第三项 测量费

第四款 厅州县会议诸费

第一项 厅州县会议费

第二项 厅州县参事会议费

第五款 卫生及病院费

第一项 卫生诸费

第二项 某病院费病院多而费巨事烦者，每院列为一项以计之。

第三项 检毒费如疫气、梅毒、麻风之类。

第六款 教育费

第一项 寻常师范学堂费寻常师范学堂，每厅州县当列一所，与坊厢乡图之担任小学堂同。山僻人少之厅州县，则合设之。

第二项 某学堂费中学以上无强迫之法，但厅州县既有团体，必多有公立之学堂。多者，或分项计之。

第三项 学事诸费除补助贫瘠之坊厢乡图及视学员等监督费外，又可酌宜设立图书馆、博物院、标本图画室等，启人智识之处所。

第七款 分担本府署修缮及吏役费

第八款 救助费

第九款 文书告示费

第十款 劝业费

第一项 测地诸费

第二项 劝业诸费

第十一款 厅州县收税诸费

第十二款　厅州县署修缮费

第十三款　监狱费

第一项　建筑修缮费将来外人就我裁判，亦必就我羁押，文野之度，岂能永远相隔，建筑修缮所费正巨。文明国办理监狱，另一法理，本书不能详言之。

第二项　管理人费

第三项　在监人费

第四项　工业诸费

第十四款　省会议员选举费省会必以厅州县为选举区，既为选举区，厅州县必有此项费用。

第十五款　厅州县吏役费

第十六款　财产费

第一项　维持费

第二项　管理费

第十七款　预备费

经常部合计

临时部

第一款款目仍照前，有则列之，项目亦视事实为多少。

临时部合计

岁出总计

光绪　年　月　日送交　某厅同知/州知州/县知县姓名印

（乙）出纳。厅州县之出纳，向以库书为归宿。今即以库书为收入役，而移其监督之权于议会，则亦与坊厢乡图之制略同。惟坊厢乡图之收入役，兼有审查出纳当否之权。审查其为不当，即可对抗董事，不与支出。厅州县之库书，则暂无对抗之权，至决算时，由议会审查之。

（丙）决算。决算之法，亦与坊厢乡图同。惟未报告厅州县议会之前，先付参事会审查。参事员有所指摘，即添载决算书后，送交议会公决。议会若认与原议案不符，可诉之省参事会，以至民政部。否则，认决算为既定，由厅州县官报告督抚及民政部，并揭示其要领。

第五章　厅州县之联合

依吾国制度，厅州县有向来联合之机关，即府与直隶厅州是也。前明国初，道员本两司之佐贰，后渐失本意，而以分巡为领土。今新官制已去之，府与直隶厅州去不去尚未定。要之，直隶厅州自有辖地，尚可自为自治体。府则于自治体复沓无用，但指为经制之联合法可耳。

坊厢乡图之联合，有协议与强制之不同。厅州县以府与直隶厅州所辖为联合，非协议亦非强制，乃历史遗传之联合，将来即废此一阶，事实上亦往往有相关之处。

此种联合，比于坊厢乡图之联合，断然为一部联合，而非全部联合。盖厅州县本独立行政，无两厅州县必合为一之理，故不必另组织联合会议，无庸另选议员。有全府、全直隶厅州公共之事，由各厅州县议员中委托一二人聚议足矣。

直隶厅州自有公事，不可作一厅州论。府之公事，本皆各州县之公事。官与官之统属，吾民不必过问。为地方利害计，自治以后，府之为府，必止能增吾民之负担，不足增吾民之利益。自知府以下，佐贰首领之官，俸给自归入省之财政。衙署修缮等事，姑由民任之，已入厅州县预算之内。其署中所有胥役，宜议与痛裁。略有留者，由附郭县议会监督之。涉及旁州县者，由各该州县议会监督之，使之不能为害可也。

知府本无专职，其与民直接者，皆夺州县之事为己事。州县既有议会，助长之事，皆由议会而出。知府所得与民相见者，惟恃司法未经独立，偶有上控亲提等事耳。宪政自以司法独立为第一急务，则将来知府一官断无不裁之理可信也。

联合自由事实而来，与设官与否无涉。即如今之县制，有同城设署，无事不相牵连者，故今日暂以府界为联合。将来裁知府之官，应联合者仍自联合，则与坊厢乡图之联合略无所异矣。财产营造物，往往有为一府一直隶厅州所共有者，如现在中学堂等是也，将来此等事项皆足生联合效果。

第六章　厅州县之监督

厅州县以官治论，当受府与直隶厅州之监督，递受省之监督，然后受民政部之监督。然以自治论，吾民无从组织府与直隶厅州之议会，则凡自治体公共之事，自以有议会、有参事会之团体，能通民隐者为宜，监督吾厅州县之自治。是惟以省为上级自治体，以上即国家行政机关矣。

据法理所以必有监督者，为其保国家之统一，不至厅州县各自为政也。吾国自治初萌，止虑有沮害自治之官，其余正非所计。吾民且自认定自治之范围，如前数章所言，则监督一听于未来之法律而已，此与坊厢乡图之受监督者同。

外国法，自治团体即受最高衙门之监督。若已本适法，而政府滥加强制，尚得诉之行政裁判所。故监督之权不妨严重，裁判所则止有适用法律之意思，别无他意思行乎其间。吾国司法尚未独立，行政裁判所更无人提起，则将受监督而初无申诉不平之地，亦惟自处于无待监督之地，并俟国会开时，论完备之监督而已。

第三部　省

省为最上级之自治团体，直隶民政部，监督厅州县及坊厢乡图之自治。坊厢乡图为基址，厅州县为柱壁，省为堂室庖湢之各自结构，工事完全。以后但使堂室庖湢相济为用，联络之，齐一之，乃政府之事耳。

省之自治范围与厅州县更无大异，兹亦就其小异，分为四章如下。

第一章　省之组织

厅州县自治团体中有官长，省之自治团体中亦有官长，或督或抚，为其行政之首。督抚在自治团体中地位，与厅州县之官长同。

土地以省境为土地，人民以全省之住民、公民为人民，此不待言。

第二章　省之机关

省之机关有三：（一）省会；（二）省参事会；（三）督抚司道。其位置一切与厅州县会同。

第一节　省会

近时朝旨促各省设立谘议局，此即用各国议会之制，施之于省也。故吾国未有厅州县以下之议会，先有奉旨设立之省议会。然无坊厢乡图自治团体递积而为厅州县自治团体，则省议会之组织，何自而成？则欲遵旨设立省会，益促起设立下级议会之机括矣。

省会权限更隘于厅州县会，其理与厅州县会之权限隘于坊厢乡图会者同。亦分四款。

(甲) 省会组织。其目有八。(一) 选举主义，同厅州县会。(二) 议员定数，每厅州县以三人为率。（三）选举区，即厅州县，分区即厅州县之选举区。(四) 选举权。(五) 被选举权，其财产资格当更优于厅州县，缺格则与厅州县同。(六) 选举人名册。(七) 选举种类，皆与厅州县同。（八）选举节次，其提示由督抚，提示方法同厅州县，其投票票纸由督抚印给，投票在厅州县署，及分区之公所，余同厅州县。其开票在各厅州县署，余同厅州县。其当选向督抚为承认，由督抚给证提示，并分投揭示于各厅州县，余同厅州县。

(乙) 省会起止。均与厅州县同。惟厅州县官长所为，由督抚为之。

(丙) 省会议员地位。其权利义务悉见厅州县会。

(丁) 省会权限。范围甚隘，其理与厅州县同，其目有六。

(一) 议决。其目有六。

(1) 预算。今由议会议决。预算范围见财政章。

(2) 使用费、酬劳费、现行厘税及盐课等。各种征收之法，除法律所应定者之外，由议会议决之。

有全省之公共产业，如高等学堂之类自生使用费，有督抚司道各衙门及各局所自生酬劳费。向时厅州县吏役以人民为鱼肉，省吏役则以厅州县官与吏及其他印委各官为鱼肉，择肥而噬，故酬劳费之议决，尤当严监督之意。

厘税纯由省委征收。承平时，省中止有厅州县解款，绝少自征之税。军兴以后，厘税盛行，于是省之财源大裕。此项税中饱难以数计，剥民豢官，成莫大之弊。近或改为认捐，则渐近地方税办法。然犹设省委，糜费以养冗员，而此项税款名为国课，其实则又归外销，非但民不得而监督，政府亦不得监督之，此吾国财政之所以为奇也。

百货厘捐，使贫富均增负担，实为非法。其详当见财政章。惟认捐虽不革厘捐之弊，尚少入官吏司巡之囊。其穷竟虽仍归外销，然止便督抚之挥霍，已不便千万狼虎之分肥。在今日为少数土豪包征包解，落其盈余以自润。省会若于未裁厘以前，议其征收方法，多改认捐，而以厅州县团体任之，亦目前化私为公一苟且之方法也。

盐为国家专卖之物，由来已久。督抚兼管盐政，军兴后已成省之财政，国家但受其成，以法之不良，漏私则陷民为盗，缉私又以盗养兵，此为有盐省份天然财产。除国课暂应如额外，不可不由议会议决其征收方法也。

(3) 处分财产方法。省团体原无所谓积储，向来藩库所储，皆为国帑，与地方无涉。即论财产，其可以团体为处分者亦极少，盖自有厅州县划境以分配之也。然事实上则往往有之，如近日江宁之出卖贡院，即其一例。其最有关系者，国家不定路矿之律，即政府以意定之，无国民之协赞，无国民之监督，一切处分，皆足以妨民而病国。吾省会急补救之，则卖路卖矿之人无所施其技。路矿自有主人，各省省会是也。吾民宜急认此议决权，是为爱国之至计矣。又各省官营业亦为财产，当有处分。其详见财政章。

(4) 预算之外，新负担之义务，新抛弃之权利，全由议会议决。

(5) 起解国税方法，全由议会议决。凡解京之款，但于国库无捐，则一切官吏所从中糜费者，省团体安能坐视议决其方法以剔除之详财政章。

(6) 凡法律命令定为省会权限之事项者，应由议会议决。此将来之事。

(二) 选举。与厅州县会同。

(三) 认定决算之报告。由督抚报告议会，先付参事会审查。若有异言，督抚并将参事会意见载入决算案，俟议会认定，乃得报告民政部。以后督抚为无责，并须揭示各厅州县。

(四) 陈述意见。同厅州县会。

(五) 内部事务。全同厅州县会。惟呈报存案者，止有民政部耳。

(六) 议事规程。同厅州县。惟地方官所为，由督抚为之。

第二节　省参事会

省之必有参事会，其故与厅州县同。其目有五。

（甲）组织。省参事会组织各员：（一）督抚，三司，守道；（二）参事会员。参事会员员数，不过二十人。会议时，督抚为议长，有故则委司道之一人代之。

（乙）起止。召集由督抚或参事员请求督抚为之，闭会亦由督抚。其余同厅州县。

（丙）参事会员之地位。同厅州县。惟以督抚当地方官，官之不另受俸给，并司道在其内。

（丁）权限。议决权与内部权限同厅州县。裁决判决权及监督权，则并厅州县在其权限之内，陈述意见之权利及于督抚及中央各署。

（戊）议事规程。同厅州县。

第三节　督抚

督抚当厅州县参事会之地方官，地方官不得以丞簿以下莅会，督抚则得与司道俱。其对于参事会，法当为同功合体之人，与厅州县之意义无别。

第四节　吏役

省吏役所婪索者，恒在于官，其直接取诸民者较少。今行自治，则厅州县之公事多由民出，吏役之与民直接者，将益多矣。凡下级地方团体之利害，上达于省，先有议会参事会受之。督抚与议会为一体，吏役先无壅蔽恐吓之能力，则积弊去其半矣。

地方公事，诚出于公，不似向时以官为公，则官之不可告人者，其事渐少，其被劫持于省吏役者亦少。一经自治，官之公事，变为民之公事。而意思机关，官与民共之，则积弊又去其若干成矣。

司法与行政不分，督抚司道、府厅州县无一衙门不可问案。则督抚虽为监临官，分不应亲细事，而私人诉讼，每有上控。督抚司道因有直接民事之时，即省吏役有少许阑及民事之机会。议会于议决酬劳费中，实行其监督之策，又于预算中，实核其工食之数。酬劳费为省团体之入款，工食为省团体之出款，擅受一文，皆谓之赃，计赃论罪，现时亦尚有旧法律可据。其详已见厅州县。

其余因政体未尽变更，官为吏所劫持者，未能尽免，然其数必已大减。故不自治而议裁书吏，为吏役者自有如许之利孔，即必有如许之人以赴之。自治而后，吏役自无所利于故业，不裁亦早自退。故向日之议裁书吏，非知本之谈也。将来司法独立，廷丁执达吏等别有组织，至其时，吏道始为清澈。二千余年之积弊，于是而止，岂非吾民重见天日之会乎？以不在自治范围内，故不赘。

吏役凭借旧政体，因以病民为业。政体既更，称其劳力，以博薪水，皆地方之公民，为不可少之公益。其人其业皆非昔比矣，此之谓真变法。

应州县之库书，尚为要职。省之收入，以藩司大员掌之。户籍等吏，乃厅州县吏，与省无涉。故政体一变，省之需吏役者，更不如厅州县之重要。窟穴不破，强裁何益？

第三章　省之事务

吾国幅员之大，除去属地直隶于中央行政之范围，礼俗政教相齐相一，厘然列为行省者，其广大实为万国所无。故一省之事务，几类一国，迥非日本上级地方团体所能比拟。然法律究出于中央，亦不得比西国联邦之制，则省之行政，不属于地方之范围者，殆十之八九矣。

既不属地方范围，亦殊不能谓为委任之事务。盖厅州县本名地方官，其事务苟不属地方，自可谓之委任。省之名乃沿元时行中书省而得，实为中央政府之分支，亦为中央政府之具体，则直曰地方事务、非地方事务而已。

（甲）地方事务。督抚在省团体中，与地方官在厅州县团体中，地位无异，其详见厅州县事务章中之“本有事务”。

（乙）非地方事务。督抚所辖，如水陆、军官、财政、提法、提学、交涉各司，非特地方团体所不能问，即国会议员亦不尽能参与其立法。此当视将来宪法范围而定。今且不可预知，吾民但守前述之权限而已。

非地方事务，如征收国税一端，吾国税法既不定，且无国会为之议决，往往由政府以所需用，配之各省，各省督抚之贤者，则为民请命，而与政府争。又由督抚配之厅州县，厅州县官之贤者，亦为民请命，而与督抚争。盖皆约略为之，非真由民人一一细权其利害也。今当入议会权限中，议决之叮项，所谓新负担之义务或新抛弃之权利是也。余详下章。

第四章 省之财政

督抚之用财，界限极宽，其事项多不与自治团体相涉。然既有议会，即有预算、决算之情事。立宪国之国会于全国之财政，无所不用其监督，则省会之监督全省财政，无可疑也。

虽然自治乃民政部所属之事，民政上之出入，省议会得议决其当否，此外乃国会之权，省会不能主张其作辍。惟财之所从出，皆为本省之义务。或本省入不敷出，尚资他省之协饷，亦由国家指定，为本省之权利。权利、义务吾民所应自知也，则主张虽待国会，而款目仍列入预算、决算之内。吾民备悉其收支之实况，亦国会中讨论之资料也。今分节述之如下。

第一节 省之财产

省之财产使用者少，周转者多，且无所谓基本。虽不动产有基本之性质，止作私法征收论，其理已于前述厅州县财产讲明之矣。详见下节之“私法征收”。

第二节 省之收款有二

（甲）外来之补助。国库所征之税，由厅州县解省，督抚即留充本省之用。以承平时旧制而言，省收款止有此种。盖牙厘局未设以前，正杂税项，无不由厅州县征收，省无收入之途也。即有贫薄之省，由他省协饷，非由他省义助，实出于国家之指拨，当概称为国库之补助焉。

今亦如厅州县之例，凡以国家法定征收之税，除解京师、协各省之外，皆为留支本省之用款，即为省收款之一宗。

（乙）本体之征收。亦分公法、私法二种。

（一）公法征收。其类有四。

(1) 现行厘税，此本苟且之政，说已屡见前文。数十年来，本称军务告竣，即行裁撤，而力有不能。近乃与外国协商，有裁厘并征关税之约。夫税法为外国所约束，已非税权独立之国，日本今日所引为深耻者此也。吾国之所耻，今且未暇及此，甫议裁厘，即征落地，总之为无法之税，不计贫富所需而一之，国会开时，庶将议改乎此。

就目前而论，无论为厘捐，为落地，即至为认捐，弊有轻重而中饱则均不免。由议会议一善法，以旧额归之国，以向来之中饱归之地方，以公济公，使员役司巡无所容其足，则亦目前非法之法矣。其详章当望之各省议会，大约概归厅州县各自认捐，而省会协同厅州县会议善法以监督之，则自治后，会议等费取足乎此而有余，且必大增省入款焉。

各省常关与厘税同。凡海关所以严国内、国外之限制，至本国道路之阻碍，国家方当以不能平治为耻，岂有因其阻碍而反以为利之理。今且税法未定，因仍故习，姑于财政中计之。

(2) 使用费、酬劳费。与厅州县同。以向时吏役所婪索者，公定其额，而收作经入。实核吏役之数，而以工食给之。此其恃为省财源之一宗者，其利犹小，杜无厌之诛求者，其益甚大也。

(3) 罚款。罚俸处分，向来所有，定法以后，尤应加密。凡有给之吏，皆有可罚之道。至于刑事中之折赎等，今亦可归此类。

(4) 专业。专业本国家之财源，而吾国则各省自总其成。以其已成之数，除本省充用之外，听中央政府之指拨。如盐课一宗，专业之事也。依财政原理，盐为贫富所必需，原不应为专业。然各国多未能免，以其每人所需无几，贫人不至大受盐累，而无人不需此物，积少又可以极多，且产有定所，甚便专业，故各国多仍之。

但最宜专业，可收寓禁于征之效者，第一莫急于鸦片，次则莫如烟草，各国皆行之。吾国今方致力于戒烟，鸦片专卖之举，更不可缓，然非一省所能独行。烟草亦未禁外国之输入。此二事，或皆待国会成立而后可议乎。

(二) 私法征收。省之范围愈大，以前既无自治团体，本无管理公产之人，故向来可谓无私法征收之性质。然既行自治，则路矿山林，百废将举，将来省之财产，发达之力甚大。又其公债及暂挪各款，皆与厅州县同。凡学田、卫田之类，可清厘为省财产者，皆属此项。

各省有官办之制造纺绩等局，皆归省自为政，则此亦省团体之公营业也。向惟以糜费之旨为之，位置情面，虚支乾俸，既视此为一大漏卮。归入省团体之财政，庶乎有可救药。

签捐一项，直省有恃为入款一宗者。夫以公团体诱赌，不法已极。有省会以后，首当罢之，以全一省颜面。此为消极之财政，以捐纳为收款者同。

第三节 省之出款

省之出款，全然为国家经费之具体。与厅州县不同，约计为十九目。

(一) 解京之费。又分为四目。

(1) 京饷。此括一切以现银起解者在内，其细目当视事实分之。凡汇兑不通，人无轻赍之便，不得为已开化之国。今国家且设户部银行矣，断无汇兑仍不通之理。往时专员解送，所费不赀，沿途需索护送，更多劳扰。此后于应解之数，自不可缓。而尽裁解费，祇费少许，银行汇费而已足，则省团体之所节省者正多。吾民但求于国库无损，不应束手受官吏之鱼肉。

(2) 漕折。凡税及现品，厅州县以下之地方团体则可。国家行之，则劳民伤财，不成政体。向惟不立宪，则休戚不与民共，间有削民以实京师之政策，厚拥仓储以防一朝百姓揭竿，南北道梗，此古人至拙之计也。今已议漕粮尽改折色，而官吏窟穴所在，务为朝廷留弊以自肥，折漕至今未尽遵行，此亦有漕省份之团体，所不能坐视者。除一切斛面之弊，与夫行月口粮，席袋绳索，种种名色，一以汇费了之。省团体所节省归公者何限？

(3) 土贡。道路逐渐交通，国内所产，有何异物，不必据“不实远物”之经训，始悟土贡之非也。今以额贡之物，用实价购之京师市上，缺者则高价以招之。

(4) 织造。有织造驻在之省，沿旧例开支巨款，名为雇匠自织，实则向机坊定购，糜费国帑，以数十匹之价而致一匹，此为内务府之窟穴。今地方团体即无力议裁，要不可不知此窟穴，为国会预算时驳覆之地。

织造虽有糜费款项之权，而无收入之权，故其数尚可核。向时尚有关督，为内务府收入之官。今幸已尽裁，省团体已无不能核数之财政矣。

（二）俸工之费。其目有三。

（1）俸廉。此为通省印官所得。

（2）薪水。此为通省委员所得。委员不尽为候补之官，然正因候补者多，特地生发差事，不惜我民之膏血以位置冗员，此风盖由来久矣。以各国官制言，非有正副，即必有候补者，以防意外之缺员，吾国府州之有同判，县之有丞，原有设副之意。乾隆以前，道员本非正印，乃布政司副使、按察司佥事等职，则为两司之副。督抚乃京朝之官，是差而非缺。盖外省官皆有副，原无所用其候补者也。

自督抚渐成外省经制之官，而乾隆间又改官制，于是督抚司皆成孤立，一旦有缺，非由候补道中递署不可，此候补之一因也。一省事繁，间有非印官所能尽，旧例本有分发人员，先至省中学习政事，仍按次序补官缺，则府厅州县等官皆有候补者，此候补之二因也。

果如上所云云，乃任官尚有本意之日，有此情事。后自捐输既滥，无监督之财政，将取足于捐生。既纳其资，而无以为报，则后之来者不动，且为数众多，非驱而放之各省，以数万万人之膏血饫之，无以供其蚕食之地。于是吾省团体中，早为千万虎狼所盘踞矣。又有并未成官而挟其熏染于官之臭味，无论其生于本省外省，但有凭藉，即攘臂于候补官之间，争尽吾民之膏血。吾民不自治，而转以性命授彼虎狼，此所谓物腐虫生者也。

夫自治体何当不用雇员？彼委员中果有才能，原为吾团体所乐于罗致。且自治伊始，亦必未能尽剔宿弊，一朝清澈见底。故薪水一项，亦为省出款之大宗。但自我为之监督，逐渐使之核实而已。

（3）工食。省吏役之工食，向来取足于弄法，无待分明支给也。今归入省财政，与厅州县之驭吏役同。惟省吏役尚不尽于督抚司署，新官制，道员皆治一省专门之事，不复重沓厅州县团体之上，假分巡之名，以受养于若干厅州县矣。此宜并及者也。

（三）警察之费。警察原为普及之政，当分寄于厅州县，省团体不过统一之而已。今各省有专办警察之员，而作用不越省城内外数里之地，犹自以为胜于各厅州县，此知有警察之名，其实未闻警察行政之旨也。今分二目。

（1）统辖费。即省团体警察行政之费，指其建筑物及因公用款。至其人之俸给，则未改巡警道以前为薪水，既改以后为俸廉，当归前项。又此机关无所谓吏役，略有军事形式，一切人之自赡，皆作俸与薪论。

（2）专办费，如一江一河，贯及通省，水上警察等事，非由省专办，难于一气。

（四）工作之费。如全省水利塘工等，向所谓动帑兴修者。

（五）会议之费。议员之有给无给，当视各省情形，尚难确定。要其即受领公费，亦必甚大于厅州县之议员。至参事员则常川驻省，非有给不可，此其异于厅州县者。

（六）卫生之费。造就医师、产媪、看护妇等，省团体之财力当任其传之责。其余卫生事业之实施于各地方者，自由厅州县担任之，省惟有监督之责。若向有之清道局，仅就省城中央阛阓，司粪除之役，此其不知政体，可为笑噱。移此费为监督卫生之机关费，延聘精于医学之士，研卫生学理，并取各国日进无疆之规则，布告各厅州县，使实行之，此卫生之所以需费也。

（七）教育之费。其目有五。

（1）高等师范学堂费。省团体之财力能胜此任，此费为万不可免，非省团体而立之，固非所禁，特以省为必出此费耳。

（2）某学堂费。省团体之必设某学堂，虽无强迫之事，然高等专门之学堂，断不应以此大团体而一无设立。且标本器具设备宜多者，非大团体亦不能任此。故必列为专款。设立多者，更当分每学堂而计之。

（3）补助小学堂费。小学堂为国民教育，乃国家命脉之所系。省团体宜极力补助，使臻完善，必列为专款，亦以其为必有之事也。

（4）学堂以外教育费。图书馆、博物馆等种种公业，省团体宜设立完美，使规模大于厅州县，以餍学人之望，此亦必有之专款。

（5）学务机关费。此即现有之学务处经费，又凡教育会、劝学所等皆在其内。

教育会、劝学所等名，合之外国教育行政，未见其适当之比。但吾国今且通行各省，凡教育家宜善用之，多调查各国教育良法，心知其故而改良之，则此等名目为有效。现时以此为干涉学务之用，则不知其所可矣。

（八）衙署之费。督抚司道，不论省内省外。

（九）救助之费。以备非常灾歉。

（十）文告之费。与厅州县同。

（十一）劝业之费。路矿制造，范围甚大。

（十二）征收之费。兑换蚀耗及汇费之类，皆可列入出款。向时火耗、脚费等名色，取之于民，而不纳之于国，中间以包办为侵肥，甚至国无制币，任意加平余若干，以罔上而剥下。自今划一币制之策，吾民宜急要求之，省团体陈述意见之时，度必以此为首务矣。

折漕以后，粮道在所必裁，此亦征收费之节省成巨款者。

（十三）监狱之费。依向例，省监狱亦无异于厅州县监狱，且其费早分赋于各厅州县，岁担司监狱费若干，作为地方经制解款。以其本为的款，姑列一目，将来当另议。

（十四）法事之费。旧时招解秋审等费，皆为厅州县之苦累，而司署之苞苴。今司法既未独立，国家何以恤厅州县，厅州县何以媚提法司，非吾民所能过问，则不得列入财政矣。惟调查各国监狱良法等，以监督厅州县，此其费则省团体之责也。

将来司法独立，刑律之改良，乃政府之责，而国会参与之，此不必论。然分区设裁判所，其细密与坊厢乡图无异。民政部划坊厢乡图为极细，以行积极之政，法部亦划裁判区为极细，以行消极之政。其区域不必与坊厢乡图相应，以完各自独立之旨。此其需费甚巨，由法部筹拨，或由各省份担，现尚无从预测。要为立宪国必然之事，其费当国会议之。附说于此，为国会议员之预备。

今之积极团体，无不专为消极事业，乃吾国政体使然，此最可耻。盖以地方官之政声，十八九皆以折狱而起，影响所及，遂至止有禁遏而无兴起，司法独立之后，庶乎免此。

（十五）国会之费。将来开国会，必以省为选举区，而以数厅州县为一分区，必负担其选举费。

（十六）军事之费。向来督抚兼辖文武，饷项军实，一切省自为政。营务处司调遣，当外国之司令部，支应局司供给，则竟当其参谋本部。省自有参谋本部，则军事费不能不列入省财政矣。分为二目。

（1）饷项。征兵制若行，当兵为民之义务，所给甚薄。吾国未立宪，无所谓民之权利义务，虽慕征兵之名，其实际亦不类，且征兵亦不足当兵之用，故饷项尚为大宗出款。

（2）军实。外国军实之费甚巨。吾国既无海军，陆军亦器仗窳败，不足以当劲敌。将来此项费用势必非常增益，但省之财产亦必有非常发达，始足相抵耳。

（十七）外务之费。向有洋务局以省之地大，督抚之权尊，往往有接待外人之费。然为数究微，不似中央政府有派遣使臣等巨款也。

（十八）财产之费。财产已见前"私法征收"，费目亦分维持、管理为二，又就每一财产分计之。

（十九）预备之费。同厅州县。

以上款目，出入两宗，皆可按其事实，分经常、临时两部。其除预备费外，各款不相通融，与一切形式，皆与厅州县同。

第四部　省之会计

省之会计，亦为三事。

（甲）预算。一切与厅州县同。惟所报告，所请示，止有民政部耳。其预算书式就前述两节而整列之，大略亦与厅州县同。

（乙）出纳。省以藩司为收入役，体统甚尊。依旧制，自得审查当否，对抗督抚。但此审查乃国家之官制，非自治之能力，亦至决算时始由议会审查之。

（丙）决算。同厅州县。惟所控诉及报告亦止有民政部。

第五部　联合及监督

省之联合，省之监督，全然由中央政府之统辖，与国会之议决与自治团体无关。盖省已为政府之具体，而立法则在中央，既不似外国之上级地方，亦非其联邦制度，盖有各国属地总督之意。惟朝廷特命设谘议局，议会之制，反从省团体始。吾人民急宜有所依据，以自定其所处之地位，至其事属中央政府者，不必赘也。

《地方自治浅说》导读

肖世杰　陈建平*

地方自治，通俗地讲，是指处在一定地域之内的人民有自己管理自己的权利，或者说他们能够自由地决定其政治、经济、文化和其他各个方面事务的权利。地方自治并非近现代才产生的一个新鲜事物，从其雏形来看，则具有较为久远的历史。秦始皇统一中国之前，各地方都在各自处理自己的内部事物。自秦以降直至晚清，国家官僚机构的末端也只能达到县一级，县以下乡村的管理基本都是依靠乡自治来进行的。正如孟森所言："我父老子弟本各有地方，各有地方上事务，钱漕正供，董保勒限起底，庄首赔垫欠户，押饷差发一告示，送一由单，有常例贴差之图规。若出一命盗案，协缉赔累，兼应差胥之索扰。又如办保甲、办冬防、办学堂、桥梁、道路、沟洫、堤岸，种种工程。"①

不过，近现代意义上的自治或地方自治则是从政治民主或民治主义的意义上来讲的，即是指"真正由人民自由组织自治的政府，实行平等的公益政治。发展各人的政治能力，共图国利民福的事业。小之由一乡一市，大之集合成一县一省乃至一国。都是如此，才成个真正的民主国家"。② 而非其时孟森所批评的彼种形式，即"平时地方办

---

* 肖世杰，法学博士、博士后，广州大学人权研究中心教授；陈建平，法学博士，西南政法大学行政法学院副教授。

① 孟森：《孟森政法著译辑刊》，孙家红编，中华书局2008年版，第47页。

② 一心："民治主义"，载《大公报》（长沙），1920年9月4日。

事，资财气力由父老子弟共出，意见则由一二官长绅董独出，负担者在此，利益者在彼，地方之事愈多，其去自治愈远”。[①] 实际上，近代意义上地方自治思想萌生于西方十九世纪中后期，其在我国发端与接纳是二十世纪的事情。与其他近现代思想类似，其在我国的发生也有着特殊的背景与原因。总的说来，其外在原因是西方政治文明的强烈启示以及中西国力强烈对比之刺激，内在原因则是国人在“国破”后幡然觉醒、图存求变的结果，特别是少数士大夫的忧患意识所衍生的变法图强意旨的驱使。从这个意义上说，正如有的学者所言，近代中国地方自治思想的发轫，是外来思想、历史事件和知识分子文化自觉三者相耦合的产物。[②]

一、《地方自治浅说》的作者及创作背景

作者孟森（1868—1938），字莼孙，号心史，别署纯生，江苏武进人。政法学者、历史学家，以明清史学研究著称于世。不过，尽管如此，其明清史学研究的成果丝毫不能掩盖孟森在政法领域及社会活动领域的贡献，特别是其忧国忧民的情怀、对社会的担当、勇于投身社会变革的积极作为，无疑是后来的先进中国人值得学习的榜样。

孟森无疑是清末中国先进的知识分子之一。他生于同治中兴之时，但两次鸦片战争的结果和席卷大半个中国的太平天国运动无疑让他认识了西方国家的强大以及中国国势的孱弱，救国运于危厄、舒民困于水火成了他日后立志努力的方向。因故，他年少读书时，除学习

---

① 孟森：《孟森政法著译辑刊》，孙家红编，中华书局 2008 年版，第 48 页。

② 汪太贤：“近世中国地方自治主张的最初提出及其表达”，载《西南民族大学学报·人文社科版》2004 年第 5 期，第 97 页。

制艺应举之外，还广泛涉猎学术、事功、文章、经济等内容。[①] 获得廪生以后，孟森即不再将前途寄托在科举上，而将兴趣爱好转向西方知识。1901 年孟森东渡日本，入东京法政大学学习法律。1904 年学成回国，1905 年出任广西边防督办郑孝胥幕僚，对地方事务有了亲身体会。1905 年 10 月，郑孝胥辞官回到上海。孟森即与郑孝胥一起在上海参与筹组预备立宪公会，从事预备立宪运动和地方自治运动。1908 年初，孟森任《预备立宪公会报》主编并出版发行该杂志。同年，他入商务印书馆工作，接替徐珂任第二任《东方杂志》主编。孟森认为"法学者致力之处有二，曰译曰著"。[②] 故他身体力行，不但翻译域外法学著作，而且著书立说，主编杂志，阐述和宣传地方自治等宪法理论。与此同时，他积极参政议政，投身立宪运动和地方自治运动，如向清政府请愿速开国会，积极竞选并当选为江苏省咨议局议员和国会众议院议员。孟森有生之年发表了数百万字的政法论文、专著及法学译著。其代表性的法学著作主要有《地方自治浅说》、《咨议局章程讲义》、《新编法学通论》等，法学译著有《日本民法要义》，等等。

《地方自治浅说》一书成于清末新政时期，彼时适逢举国上下一致谈论地方自治之时。"地方自治之议论日触于耳"，[③] "举国中几于耳熟能详"。[④] 究其原因，盖因 1906 年清政府宣示预备立宪，于是"士之相聚而谈论者，无习不习，皆曰宪法，宪法"。[⑤] 而且，"立宪以地方自治为基础"、"立宪以地方自治为根本"的言论几乎得到了地方自治论者与立宪论者的一致赞同。至 1908 年前后，立宪当以地方

---

① 商鸿逵："述孟森先生"，载《孟心史学记》，生活·读书·新知三联 2008 年版，第 1 页。

② 孟森："公司注册章程诠释"，载《孟森政论文集刊》，中华书局 2008 年版，第 3 页。

③ 攻法子："敬告我乡人"，载《浙江潮》第 2 期，1903 年 3 月 18 日。

④ "政闻社宣言"，载《政论》第 1 号，1907 年 10 月 7 日。

⑤ 白作霖："论各国宪法成立之元因"，载《宪政杂志》第 1 期，1906 年 12 月 30 日。

自治为基础的主张不仅为全国士民接受，且朝廷发布上谕，令各地先行举办地方自治，各地进入地方自治积极筹办之期。[①]于是，地方自治逐成“天下第一急务”。[②] 此时孟森正在上海预备立宪公会，该会不但大力鼓吹地方自治对立宪的重要作用，而且广泛进行地方自治宣传。为指导各地地方自治，该会陆续出版了《地方自治纲要》、《地方行政制度》、《城镇乡地方自治宣讲书》、《公民必读》等读物，[③]《地方自治浅说》一书即是在此背景之下，由孟森于1907年所作，并由上海商务印书馆于1908年2月公开出版。

二、《地方自治浅说》的主要内容及评价

该书尽管名为“浅说”，但从其思想与内容言之，该词不过为作者自谦而已。实际上，《地方自治浅说》不仅在思想上发出了当时的理论先声，而且在很大程度上指导了当时全国的地方自治实践。尽管篇幅不大，以今日标准衡量，着实不过为一本十万字左右的小册子而已。然而，以质量论之，却堪称指导近代地方自治的百科全书，它对包括省、厅州县、坊厢乡图三级地方自治的性质、组织机构、自治事务、范围等在内的所有问题均有涉及，因而对当时地方自治的开展起到了积极的促进作用。

全书主要包括总说、坊厢乡图、厅州县、省四个部分。在“总说”部分，孟森论述了地方自治的可行性，认为地方自治“原不过做地方

---

① 汪太贤：《从治民到民治　清末地方自治思潮的萌生与变迁》，法律出版社2009年版，第234页。

② 孟森：《孟森政法著译辑刊》，孙家红编，中华书局2008年版，第47页。

③ 对《公民必读》一书，清政府民政部大加赞赏，认为该书纲举目张，颇合当时人民程度，足牖愚蒙，要求各省予以采购。参见《大公报》，1907年11月3日。

应做之事，事体不离乎向来情状”。但是，其意义是非常重大的。首先，其益处是可以“省无数差役势要之侵渔，增一二公共利益之事业，人力物力亦不过一转移间自治之能事已毕”。其次，功能在于“地方身受利害之人各有发表意见之权，所兴真公共之利，所除真公共之害，使地方有进步而无退步”，最后，如积极兴办地方自治，它可以“积各地方之兴盛，不得不成全国家之繁昌”。除“总说”之外，其余三个部分的内容安排、结构、逻辑思路基本相同，每一个部分所包含的内容分别为自治团体的组织、自治团体的机关、自治团体的事务、自治团体的财政、自治团体的联合、自治团体的监督等内容。

本书的最大特点是，在形式上，架构完备具体，详略得当，重心突出；在内容上，积极倡导民权，主张权利与义务并重，倡导权力分立与制衡，力举实践不拘泥于理论，权经结合，讲求变通。

（一）地方自治及其构成与程式

中国古代所称的地方，最大的级别为省，其次为厅州县，最小的地方则为坊厢乡图。① 孟森认为，地方自治必从最小的地方自治团体开始，故坊厢乡图自治为地方自治的基础和重心。在这三类自治团体中，孟森对坊厢乡图自治进行了非常详细的阐述。他认为中国向有坊厢乡图地方区域，也有董事的职位，地方自治组织与自治机关向来存在，只是不完备而已。各地方都有地方自治事务、地方财政，只是不明确和未清理。地方自治团体的联合、对地方自治团体的监督都存在，只是无具体的规定。地方自治，就是要将这些缺漏补全完备。于

① 古代城市区划，城中曰坊，近城曰厢，因以“坊厢”泛指市街。乡指县辖下农村地区，而图则为乡的分区。

是，他对坊厢乡图的组织、机关、事务、财政、联合、监督等进行了极为详尽的设计和规划。

在地方自治机关中，孟森认为，最重要的是议决机关。他以人的身体做比喻，认为人身为一个整体，必有各种机关，而各种机关能够协调运动，整体发生作用，是人的知觉作用的结果。坊厢乡图本无知觉，要使其有知觉，故必设知觉机关。在自治制度中，这种机关称之为议决机关，即议会。

对议会的建构，孟森可谓煞费苦心，特别是对议会议员的数量，进行了精心的设计。他认为坊厢乡图议会的议员数额，坊厢人口在1500人以下，选举8人；1500人至5000人之间，选举12人；5000人至10000人之间，选举18人；10000人至20000人之间，选举24人；20000人以上，选举30人。而乡图议员人数，分由每图各选举4人。

此外，孟森对议员的选举方法、程序等也描述非常细致，选举程序从造册、开会、执事、投票、点票、就职无一不细细进行述说，如对投票纸的式样、投票方法与原则等都进行了详细的规定。

至于议会的职权，在坊厢乡图一级，主要包括议决、选举、监查公事、陈述意见、裁决五类。议决包括条例、规则的制定，预算与决算，基本公产及他公产、买卖互换推收出入等情况，使用费、酬劳费、地方经费以及夫役物料、各种赋课征收之法，公共财产及营造物之管理方法。选举则指议会选举坊厢乡图董事及其余办公人员。监查公事则指议会监查坊厢乡图公文及账目、议会议决的执行、出纳是否预算决算的规定。陈述意见则指公益事项的自行陈述以及地方官询问后的陈述。议会裁决非指裁决私人争执的事，而是指住民公民权利的享有或限制、公民选举权与被选举权的有无、选举人名簿的相符及所分选举等级的恰当与否、议员选举是否有效等争议的裁决。

但是，在厅州县一级议会的职权，其权限较之坊厢乡图要窄，孟森认为，“民生日用之便益，恒在最下级团体为之代谋。厅州县已属补助其缺乏，结合其涣散，监督其冲突之团体，故谋益之事，不甚繁琐，且法律所已规定者多，其议决当在国会”。因故，厅州县会的议决权无条例、规则的制定，而选举则是议员选举议长、副议长、名誉参事员等，不是选举行政机关官员，也无坊厢乡图议会的裁决权。省会的权限与厅州县会基本相同，只是权限较之更窄而已。之所以如此规制各级议会的权限，其原因在于在诸如孟森在内的时人认为，地方自治的目的乃是补官治之不足，而与民国后地方自治的旨趣却相异甚大（后者意义上的自治，其目的是实现民主政治）。

在地方自治事务中，分为本有事务和受委事务。孟森认为自治团体与个人一样，“无日不有向上之心，营养日丰，盖藏日裕，声名日泰，品地日隆”，“有可以致丰、致裕、致泰、致隆之术，则力赴之”。继而，孟森认为，“团体中公物之便利多，是营养之丰也。公产之储蓄多，是盖藏之裕也。公民之智识多，是声名之泰也。公事之良法美意多，是品地之隆也”。自治团体实现这些目的之术，即自治团体的事务，亦称其为本有事务。与之对应，其所负担的国家事务，则称为受委事务。在其本有事务中，其核心是财政清理。他认为“私人之用财，不过日行之一事。团体则无事不待财而理，财政举则无政不举”。他将财产分为周转财产和使用财产，周转财产是指可以流动的财产，如土地、房屋、积谷、存款，以及税收等；使用财产是指道路、桥梁供使用的营造物，以及间接使用的董事公所等。地方自治团体财产的来源包括外来之补助与本体之征收。两者之中又以本体征收为重点。本体征收又分为公法征收与私法征收：公法征收是以自治团体的名义所征收者，在坊厢乡图如使用费、酬劳费，罚款，坊厢乡图税，夫役及物料；厅州县与坊厢乡图不同的地方在于税的不同，其他基本相同。而省公法征收的对象为厘税，专业，罚款和使用费、酬劳费。私法征收则为售卖公物、公共营业、住民捐助及募集公债。孟森认为募集公债为地方团体自治的一个重要内容，但并非地方可以任意募集，非万不得已才可起债。他认为除非以下三种情况可以募集公债：一是偿还旧债；二是天灾地变；三是谋本团体永久事业。而且，公债须经议会通过，并将归还期限、利息确定，由地方官禀告督抚，转报民政部立案。

孟森还规划了财务清理制度，他认为，在自治事务中，必有会计、必有预决算制度。鉴于当时人民对会计事务的陌生，他又详细设计会计事务所须的各种表格，并逐项一一说明。

（二）倡导民权，主张权利与义务并重

中国先进的知识分子在清末面对西方国家的强势时，提出了很多富国强兵的建议和主张。在这些主张中，兴民权成了许多知识分子倡导的重要主张。① 而兴民权的方式，在于"举其分所当为、力能所及之事"。如"民不任则权之君，民能任则归之民"。② "为君相而务压民权，是之谓自弃其国；为民者而不务各伸其权，是之谓自弃其身。"③ 孟森认为，选举与监督为国民参政之起点，而欲国民能充分行使这两张权利，故他在论述选举制度和财政监督制度时不厌其细，希望国民能具有这方面的知识，具有立宪国家所应有的国民资格。而住民旧时享有权利绝少，在于住民"不自治而权利非权利也"。

与此同时，孟森主张国民先有"受庇于国家之权利"。为保障公民民意的表达，孟森对议员的言论自由和人身自由给予了充分的保

---

① 梁启超认为，"民权兴则国立，民权灭则国亡"。参见《饮冰室合集》文集之三，第73页。其他如麦孟华则说："今欲振中国，在复民权。"参见麦孟华："总论（民义第一）"，载《时务报》第28期。

② 麦孟华："总论（民义第一）"，载《时务报》第28期。

③ 《饮冰室合集》文集之三，第73页。

障。认为议员在刑法上应有特别保护权。他以日本为例，主张“对于以法律所组织之议会，公然诽毁侮辱者”必然受罚；对于议员，则“就其公务上之言论行为”，除“公然诽毁侮辱者”之外，还要“加暴行于议员者”，方予治罪；“当议员行其公务，以暴行胁迫，妨害其言论行为者”，必将受罚；“意在使议员辞职，或意在妨害其公务上之言论行为，而胁迫或恐吓其议员者”，均将处以罚金或徒刑。而议员在开会时，根据外国法的规定还有三种特权：不受刑法限制；不受官法限制；不受民法限制。

孟森在强调权利时，同时也注重义务的承担。他将地方区域内的自然人都称为人民，又将人民中定居于某一地域称为住民。第一次规定了住民的权利与义务。规定住民有使用或收益于本坊厢、本乡图的公共设施和公共财产的权利，同时也要承担整理公共设施和维持公共财产的义务，因为“义务即从权利而生”。这与中国历史上，广大劳动人民只有义务而没有权利的境况相比，无疑是一个巨大的历史进步。

同时，孟森又将住民中具有参与自治资格的称为公民，现代中国公民与人民概念的定义与当时孟森对公民与人民的划分相比，已经有了极大的变化。孟森认为公民资格的具备必须符合 6 个条件：年满 25 岁以上；能自立，并须 2 年以上不受赈贫之惠；无疯狂迷惑之病；在当地居住 2 年以上，若未满 2 年，但其品行资财为众公认亦可；2 年以来完满地履行了本区域的住民义务；缴纳了一定数额的地税或其他直接税。这里孟森直接将公民资格的享有与义务挂钩，即人民的参政权与其是否承担了积极义务相联系。

他认为议员有参与公事，受领公费的权利，同时也要承担“谋公益，不得为自己谋私益，并不得为举我者代谋私益”。以及“议事必须亲到，不得托人达意”的义务。同时，他也认为议员一旦当选，坊厢乡图议员不容辞免。“凡无故辞职，得由坊厢乡图会议决处分之。

其处分之法，停止公权三年以上、六年以下。此停止年限内，加课其所负担坊厢乡图费额，加至八分之一至四分之一。”

（三）权力分立与相互制衡

所有权力应严守自己的边界，权力会导腐败，绝对的权力会导致绝对的腐败，这些近代宪政理论对于孟森来说，早已是耳熟能详，故他对自治团体组织机关进行设置时，仍不忘强调议会、行政机关、法部必须独立各自行使自己的职权，其他机关不得逾越与干涉。对于中国地方官兼司法裁判，司法不独立，实际上对于自治制度有非常大的障碍。因为在这种体制下，“小小词讼，每批饬地方理楚，于是董保有无权之裁判。久之董保所为，公益事少而争讼事多，无论用情索贿，武断乡曲，有种种非法之为。即大公至正之人为董保，不以心力用于地方之公益，而日为斗殴骂詈、夺产争嗣者所牵率，何补于地方，即何补于国家”。故他主张“裁判乃法部之事，与民政部无涉，非但议会不能过问，及董事亦无此职权”。议决权属于议会，“未议而即行，为董事之不法”。“董事之职务乃为坊厢乡图之代表，其权限止能执行坊厢乡图中议决之事项，绝不能自出己意而行一事。”

权力不但要分立，而且要相互制衡。孟森甚至以此作为划定议员与议会权力边界的原则。例如，他认为，“议员任期中，该议会有违法之行为，或溢乎议会之职权，或自利而贻他地方之害，凡属议会违法而非议员违法者，地方官得禀知督抚转报民政部，而解散之”。“（议）会中所议决，或违法律，或害公益，董事以外不可执行，则可使会中再议，终不得自出意见。再议而仍不改议，可请地方官裁夺。”

（四）实践不拘泥于理论，权经结合，讲求变通

理论是灰色的，生命之树常青。立法应按照理想的目标来制订，

但在条件的限制下，应根据实际情况来采取应对的措施。孟森认为司法应独立于议会和行政机关，但在当时中国的条件下无法做到。故他说“必不得已，议会中别举一二明法之人，专待理楚之用。一切责任，与自治团体无关，隐师区裁判之意。此为不幸之变通，决非善法，惟有望司法之独立而已”。

对于选举权，孟森认为坊厢乡图选举，首要条件必须是公民，且有公权。但他又规定两个例外，一是本坊厢乡图不具备种种公民资格的人，甚至女户幼丁，如果纳税极多无比，只要未被剥夺公权、停止公权，及没有密营有伤风化之业的，皆有选举权。二是依法所设公司或其他团体，在新法律应定为法人的，则所纳税必较一般人多，应有选举权。孟森的这种设计，其意旨在于强调权利与义务的对等，权利与义务的等比性。他给法人以选举权，无非是给有产者又增加了一份选举权而已，其强调的无非是对财产权的重视。

对于议员选举方法，孟森主张省、厅州县采用直接选举，每一选举人选票值相等；但选举之初，人们政治经验不足，此时宜先用间接选举。待行之数年之后，人民知识程度提高，再废除间接选举制度。但是，对于坊厢乡图，孟森认为，宜用等级选举法，公民的选票价值并不相同，这又是孟森的一大独创。即根据负担自治团体的公共费用的多少来决定选举票价值的大小。根据坊厢与乡图的不同特点，分为两种选举办法。第一种方法实行三级制，适合于坊厢采用。他根据坊厢公民承担公共费用的数额，将公民分为三等。如该坊厢岁费需要3000元，则从公民承担公共费用最多的人中选出若干人，所出费用已达1000元，这些人就拥有选举本坊厢议员三分之一的权利；再从剩下的承担公共费用最多的公民中选出若干人，以其承担费用超过1000元为限，这些人拥有再选本坊厢议员三分之一的权利；其余出费较小的公民，选本坊厢议员的三分之一。第二种方法实行二级制，适合于乡图，主要在于乡图公民财力相差不大。即根据乡图所需公共经费，对负担公费的数量从多到少排队，对满足半数公共费用的公民，有选举议员半数之权。其余公民为一整体选议员半数。

孟森以上设计的这种选举方法，从现代的观点来看，显然与民主选举的基本原则不相符合，即违反了平等选举的原则。然从世界各国选举权的发展史来看，其他国家选举实践中，最先无不是有财产限制的。这种限制的目的也许从表面上看，是对无财产的人民的一种歧视；从另一个角度看，也许它要强调的是对财产权的保护。孟森无视当时选举权人人平等的基本原则，而给予一种不同程度的差异，也许在于他基于当时现实国情、民情的考虑。因为公共事务的核心是财产权的处分，谁关心财产权的处分？自然不是无产者，而是有产者，或者财产越多的越关心。也就是说有产者关心公共事务的原因在于对自己权益的保障，说到底就是财产权的保障。对财产权保障的重视，或许在于当时学者普遍存在的一种共识，即财产权的保障是社会得以进步的原因。①

选举区的划分必须以人口数为基础，但是，人口数的清查却不是短期内能够完成的。如果要等人口查清再进行选区划分，则选举不知

① 当时的宪法学家、政治学家、历史学家萨孟武就认为中国社会的落后，在于无所有权的保护。即政府在法律上不尊重个人的所有权，同时社会又存在一种财富为不仁的认识。财产不安定，资本就无法进行积累；无资本积累，各种产业就不能进行扩大再生产，社会就不能前进。中国自古以来土地属于皇帝，土地之上的人民也属于皇帝，因而人民的劳动所得也属于皇帝。皇帝掠夺人民的财产，虽然要受道德的指责，但法律上无须负责。历代朝廷虽然也有保护人民财产的条文，但是它保护的是禁止民众间的相互侵害，并不禁止政府或朝廷掠夺人民的财产；同时个人属于家族，既没有独立的财产，也没有独立的人格，而只是传子传孙的工具。故有“父母在，不有私财”。“异居而同财，有余则归之宗，不足则资之宗。”加上“为富不仁”、“为仁不富”的宣传，故中国的民众就既无创造财富的动力，也无法确保对自己财产的占有，更不提倡自我的观念，故社会的不发展也就可想而知。这也许是中国长久地处在一种农业社会之中的原因。参见萨孟武：《中年时代》，广西师范大学出版社 2005 年版，第 63—64 页。

要何年才得进行，故孟森主张人口数以旧有烟户册为基础。他认为"旧有烟户册虽不可凭，姑据之清查人口，为自治第一下手之法。第一年稍含糊，第二年断无不瞭然矣"。孟森在这里强调了实施的重要性，主张问题应在实施中不断解决，避免筑室道谋，否则，事三年不成。

（五）地方自治的目的在于补官治之不足

在清末关于地方自治的思想中，其观念仍难以与西方相较。人们普遍认为，自治之作用，乃是补官治之不足，"地方自治，乃辅官治之不及，仍统于官治之内，并非离官治而独立"。"以自治辅官治，以官治统辖自治，研求分际，划明权限，各尽义务，千万勿存私心，努力以图公益。"① 孟森也认为，"人民自治，不过化湫隘为康庄，化凋敝为殷赈，化鄙陋为文明。盖国民为己求福，并非与人争权，且能力亦只有此限。故权限必细意分别之，务令适如其本分而止"。② 孟森甚至认为，"地方自治者，受政府所监督之机关，而非得监督政府者也"。③ 这种地方自治的宗旨在孟森书中得到了全面的反映，他认为厅同知、知州、知县为地方官，其执掌"乃国会议决之事，非地方团体所能及"。"地方官遵旨助我自治，无与我扞格之理。所虑者，我民自治之未必合法耳。""地方官受命于国家，供国家之驱策，原属国家之官制。人民即欲参与之，亦必由国会参与，非地方团体所能问。""坊厢乡既为自治体，而成民政部内之法人，则最高之监督权在民政部，递至省厅州县，皆为监督此团体者。""厅州县以官治论，当受府与直隶厅州之监督，递受省之监督，然后受民政部之监督。然以自治论，吾民无从组织府与直隶厅州之议会，则凡自治体公共之事，自以

---

① "自治原理"，载《江苏自治公报》第7期，1909年11月。

② 孟森：《城镇乡地方自治事宜详解》，上海商务印书馆1909年版，第2页。

③ 熊范舆："国会与地方自治"，载《中国新报》第1年第5号，1907年5月20日。

有议会、有参事会之团体，能通民隐者为宜。监督吾厅州县之自治，是惟以省为上级自治体，以上即国家行政机关矣。”而“省之监督，全然由中央政府之统辖，与国会之议决与自治团体无关”。显然，这种地方自治思想与现代民治思想着实难相符合。在任何一个民治政府中，监督政府的主体永远是人民。人民作为主权者，不但可以决定地方自治范围内的自治事务，而且可以对自治事务的执行进行监督。当人民不能直接监督时，人民的代议机关议会应代表人民履行监督的职能，而不是被排除出自治事务的监督范围之外，这才是地方自治的精髓与灵魂所在。

三、结语

自清末颁行预备立宪上谕，到1909年上谕中明确宣称：“著民政部及各省督抚饬所属地方官选择正绅，按照此次所定章程，将城镇乡自治各事，宜迅即筹办，实力奉行，不准稍有延误。”地方自治正式开始在中国得到推行。地方自治开办后，自1914年地方自治中止，全国地方自治成绩斐然。如1911年四川总督赵尔巽向朝廷汇报四川第三年筹办宪政，即地方自治开办情况，共计九个方面：筹办城镇乡地方自治，成立城会100处，镇会143处，乡会67处。川省除成都、华阳两首县筹设议事会、参事会外，已经通令江北厅、泸州、巴县三地同时办理。完成川省户口清查。复查川省岁入岁出总数。试办预算。厘定地方税章程。省城商埠各级审判厅年限内一律成立，审判应办事宜，早经妥为筹备，推检、书记各项人员均分别照章考取录用，省城高等成都府地方及成都、华阳两县初审判检各厅已于上年11月1日开厅；重庆地方及巴县初级审判、检察各厅亦于12月1日开厅；省城模范监狱早已开工建设，一旦完竣即当开办。推广厅州县简易识字学熟。厅州县巡警限年内一律完备。川省144厅州县，现巡警俱已完备；乡镇巡警提前筹备的有成都县等25处，简州等16州县所辖乡镇巡警也正在筹办，当可次第完成。川江水道巡警早已初具规模，现正在整顿。①

清末地方自治最出色者当数上海和天津。上海自治早在1905年10月即已开办，当时上海开办的是城厢内外总工程局（1909年改称上海城自治公所）。总工程局不是政府依法设立的行政机关，而是一个在政府行政体制外产生的由公民自发构成的功能团体。它分议事、参事两会，前者为代议机构，后者为执行机构。工程局实行立法、行政两权分立体制，议事会对参事会有监督、质问之权。工程局改为城自治公所后，将参事会改为董事会，仍设董议两会。上海自治事务，开始仅限于接办的原由南市工程局负责的整顿道路、添设电灯以及城厢内外警务等事宜，而后事权逐步扩大；到城自治公所时期，所有地方事务，如开河、筑桥、清道、卫生、培训警务人员、裁判民刑案件以及经办涉外事件等事务，均列入自治机构的权限之内。自治机构实际上已成为地方性的权力机关。②

武昌起义一声枪响，宣告了清朝政府的结束，清末宪制改革进程戛然而止。沧海桑田，不觉一个世纪悄然而逝。不过，如何正确处理好中央和地方的关系，充分发挥地方与社会的积极性，仍然是当下我们必须处理的一个颇有意义的理论与现实问题。正是在此背景下，我们今天重温孟森这部《地方自治浅说》，其意义必定是深远的。尽管该书已出版了100多年，其中或许存在某些不足，而且很多内容在今天已经不能适用（如其将公民分为三等的选举办法的做法等等）。但

① 沈云龙主编：《清末筹备立宪档案史料》，文海出版社1981年版，第806—808页。

② 张志荣、杨海蛟：《基层民主与社会发展》，世界知识出版社2001年版，第387页。

瑕不掩瑜，其对自治理论的阐发与自治制度的设计，仍然闪烁着智慧的光芒，其思想与主张不仅深刻影响了清末地方自治的理论与实践，而且仍然值得我们后人去进行研习、批判与借鉴。正如一位学者所言："翻开近代中国的法治文献，就会发现，讨论这一主题的或主张的文论并不鲜见；其思想高度和理论水准，也未必比时人'新论'逊色。其实，那个时代的法治学术，在中国法治学术史上，有不少的开创之论。"① 这里引用这一评论，或许是对该书最好的注解。

后人如何行进得更远，也许只有站在前人的肩膀之上。"师法造化，参酌古今"，这也应当是每一位法律人所应当具有的态度和胸怀。同时，唯有如此，方可更好地从前人的智识和经验中获得教训与启迪。实际上，不管是一个民族还是一个国家，只有不断延续自己的历史并在历史中不断成长，方可以获得更为持久和旺盛的生命力。

---

① 程燎原：《清末法政人的世界》，法律出版社2003年版，"自序"。

孟森先生学术年表*

孟森（1868—1938），字莼孙，号心史，别署纯生，江苏武进人。政法学者，历史学家。

1868 年

出生于江苏常州武进。

1901 年

东渡日本，入日本东京法政大学。

1904 年

从日本回国。

1905 年

赴广西任边防督办郑孝胥幕僚，撰写《广西边事旁记》（7 月由商务印书馆出版）。10 月，郑孝胥辞官，随同前往上海，参与筹组预备立宪公会。

1907 年

发表《公司注册章程诠释》（载《法政学交通社杂志》第四号，1907 年 3 月 1 日），参与校勘《法研究书》（日本富岗康郎编著，吴兴让、孟森校勘，商务印书馆，1907）。

1908 年

担任《预备立宪公会报》主编，同年 7 月，接替徐珂任第二任

---

* 孟森先生学术年表由陈建平、肖世杰整理编制。

《东方杂志》主编。2月出版《地方自治浅说》(上海商务印书馆),4月由商务印书馆发表译著《统计通论》(日本横山雅男著),冬季与杜亚泉合撰《各省咨议局章程笺释(附咨议局议员选举章程笺释)》(商务印书馆)。发表《论中国今日有可以速开国会之理由》(载《预备立宪公会报》第一年第七期,光绪三十三年4月28日)、《咨议局调查员演说词》(载《预备立宪公会报》第一年第十六期,光绪三十三年9月13日)、《宪政篇》(载《东方杂志》第五卷第七期、第八期、第九期、第十期、第十一期、第十二期)。

1909年

出版《城镇乡地方自治事宜详解》(上海商务印书馆,1909),发行《咨议局章程讲义》(预备立宪公会)。5月,当选为江苏省咨议局议员。与各省咨议局联合向清政府请愿速开国会。

在《预备立宪公会报》发表《读地方自治章程》(第二年第四期,宣统元年闰2月13日)、《皇室经费古今义》(第二年第六期,宣统元年3月13日)、《皇室经费古今义》(第二年第十四期,宣统元年11月13日)。

在《东方杂志》上发表《宪政篇》(载第六卷第一期、第二期、第三期、第四期、第五期、第六期、第七期、第十三期),在《外交报》上发表《论爪哇侨民请定国籍法》(第二百三十七期,宣统元年闰二月十五日)、《论中国之国际私法》(第二百三十八期、第二百三十九期、二百四十期,宣统元年闰二月二十五日、三月初五日、三月十五日)、《述我国改正条约之先例》(第二百四十四期,宣统元年四月二十五日)、《论利益均沾之约》(第二百四十五期,宣统元年五月初五日)、《论内地杂居之预备》(第二百四十六期,宣统元年五月十五日)、《论外人入内地游历之条约》(第二百四十八期,宣统元年六月初五日)、《论国际公法之得为法律正与吾国学说相合》(第二百四十九期，宣统元年六月十五日)、《论中外国籍法性质之不同》(第二百五十期，宣统元年六月二十五日)、《国籍条例与各国国籍法之比较》(第二百五十一期，宣统元年七月初五日)、《论国家之取缔外国人》(第二百五十二期，宣统元年七月十五日)、《新商约加税免厘后土货可征抽销场税之研究》(第二百五十三期，宣统元年七月二十五日)、《论中国近日圜法之入于国际》(第二百五十五期，宣统元年八月十五日)。

1910 年

正月由商务印书馆出版《新编法学通论》，12 月与人合作发表译著《日本民法要义》(日本梅谦次郎著，其中总则编与债权编由孟森译述)。在《东方杂志》上发表《宪政篇》(第七卷第一号、第二号、第四号、第五号)，《币制私议》(第七卷第三号)。

1911 年

6 月赴关外各省咨议局联络，根据旅途见闻撰写《蒙古郭尔罗斯后旗旅行记》(载《东方杂志》第九卷第五号)。10 月，为江浙联军进攻南京起草檄文。

在《东方杂志》上发表《论裁厘不可为加税所误》(第八卷第三号)、《销场税出产税及通过税界说》(第八卷第七号)。在《法政杂志》上发表《新刑律修正案汇录书后》(第一年第三期，宣统三年四月二十五日)、《法人论》(译作，日本法学士鸠山秀夫著，第一年第四期、第四期，宣统三年五月二十五日、六月二十五日)。在《教育杂志》上发表《各国在中国之教育事业》(第三年第四期)。

1912 年

共和党成立，任共和党执行书记。参选中华民国第一届国会议员。

1913 年

当选国会众议院议员，4 月赴北京就任。7 月，国会起草宪法，当选国会宪法起草委员会委员。11月，袁世凯取消国民党议员资格，议会瘫痪。于是返回上海，同月发表《朱三太子事迹》（载《上海时报》），研究重点转向明清史研究，遂成中国明清史学派第一代的杰出代表。

1914 年

在上海时事报馆出版《心史史料》一册。

1915 年

参与商务印书馆《词源》编写，发表《董小宛考》（载《小说月报》）。

1916 年

出版《财政学》（日本泷本美夫讲述，孟森译述，商务印书馆，1916），《心史丛刊》（商务印书馆）。

1919 年

4月赴东北料理弟弟孟昭常后事，根据旅途见闻发表《旅行松花江日记》（载《禹贡》）。

1923 年

6月在《申报》上发表《时局转换》（1923年6月26日）、《国民不可侮》（1923年6月29日）。

7月在《申报》上发表《欢迎国会之心理》（1923年7月2日）、《军阀政客闹笑话》（1923年7月3日）、《一年来政府议员之狼狈》（1923年7月7日）、《解决国事以不彻底为彻底》（1923年7月9日）、《代表民意》（1923年7月11日）、《共和国教科书民国十二章》（1923年7月14日）、《策曹上篇》（1923年7月18日）、《策曹下篇》（1923年7月19日）、《顾维钧与外交》（1923年7月21日）、《民意脱离政府　政府脱离民意》（1923年7月30日）。

8月在《申报》上发表《民国以后之建设》（1923年8月1日）、《拆人之台者人亦拆其台》（1923年8月7日）、《职业政治》（1923年

8 月 19 日)、《再谈职业政治》(1923 年 8 月 20 日)、《三论职业政治》(1923 年 8 月 24 日)、《四论职业政治》(1923 年 8 月 26 日)、《五论职业政治》(1923 年 8 月 29 日)。

9 月在《申报》上发表《大选之成否》(1923 年 9 月 2 日)、《奉还大政说》(1923 年 9 月 4 日)、《国会职权》(1923 年 9 月 11 日)、《谨防官僚之利用日账》(1923 年 9 月 12 日)、《答憨君讨论职业政治》(1923 年 9 月 16 日)、《哀总统之乡里》(1923 年 9 月 19 日)、《讨论职业政治答胡君》(1923 年 9 月 25 日)、《国民注意整理财政委员会》(1923 年 9 月 30 日)。

10 月在《申报》上发表《制宪之罪浮于大选》(1923 年 10 月 2 日)、《民主国之宪法》(1923 年 10 月 5 日)、《奉还大政后说》(1923 年 10 月 8 日)、《民国十二年剥极将复之政局》(1923 年 10 月 10 日)、《今日为制宪较相当之时期》(1923 年 10 月 14 日)、《不可无吴内阁说》(1923 年 10 月 22 日)、《民主国民权之研究》(1923 年 10 月 23 日)、《民权与选举权之研究》(1923 年 10 月 26 日)、《民权与被选举权之研究》(1923 年 10 月 29 日)。

11 月在《申报》上发表《民权与参政权之研究》(1923 年 11 月 1 日)、《官立审计院之罪恶》(1923 年 11 月 10 日)、《北京公布宪法后之巡阅使》(1923 年 11 月 11 日)、《调查选举危言》(1923 年 11 月 17 日)、《北京公布宪法之效力用国民投票公决》(1923 年 11 月 21 日)、《财政整理会与宪法》(1923 年 11 月 24 日)、《国民为谁之答解》(1923 年 11 月 28 日)。

12 月在《申报》上发表《宪法与感情》(1923 年 12 月 2 日)、《因反运动之流行当熟察激烈之正论》(1923 年 12 月 6 日)、《省自治法》(1923 年 12 月 9 日)、《江浙省议会之遵守宪法》(1923 年 12 月 13 日)、《京与省之财政会议》(1923 年 12 月 16 日)、《宪法与省自治法》

(1923年12月19日)、《统一罪案》(1923年12月22日)、《国民今日之真党派》(1923年12月25日)、《划分国税地方税之来历》(1923年12月28日)、《省议会新选举违宪与否之争执》(1923年12月29日)。

1924年

1月在《申报》上发表《民国十三年之元旦》(1924年1月1日)、《坚壁清野不合作》(1924年1月4日)、《江浙两省之省宪自治法》(1924年1月8日)、《自治与裁兵之消长》(1924年1月11日)、《十二年以往民国进步之速》(1924年1月13日)、《民国十三年之元旦》(1924年1月1日)、《中华民国国民对被害外侨之哀词》(1924年1月17日)、《选举制度省自治法之代表所谓省法律三字之研究》(载《申报》1924年1月18日)、《江苏制定省自治法之中心点》(1924年1月21日)、《民国之帝国为官国》(1924年1月24日)、《组织省自治法会议之经费》(1924年1月28日)、《留沪国会议员之宪法行动》(1924年1月31日)。

2月在《申报》上发表《国民行使民权之动议》(1924年2月9日)、《世界党魁之模范》(1924年2月12日)、《选举副总统》(1924年2月15日)、《东洋各国社会情状与过激主义之影响》(1924年2月18日)、《财政部奉行宪法之大欲》(1924年2月20日)、《民国民选审计院之关系》(1924年2月23日)、《胶济路会计处日本人之持正》(1924年2月26日)、《国会统治之新国家》(1924年2月29日)。

3月在《申报》上发表《烟卷税风潮之解剖》(1924年3月4日)、《共产主义复活之试验》(1924年3月6日)、《国际渐次承认之俄国》(1924年3月10日)、《财政整理会之末路》(1924年3月11日)、《俄国宪法上共产主义之变化(上)》(1924年3月14日)、《俄国宪法上共产主义之变化(下)》(1924年3月15日)、《土耳其之废教》(1924年3月20日)、《中俄议约中负责之顾外长》(1924年3月

24 日)、《中俄议约中相持之言论》(1924 年 3 月 27 日)、《东清铁路公司与松黑航业之朦混》(1924 年 3 月 30 日)。

4 月在《申报》上发表《军人破坏烟禁中日本之关东鸦片法》(1924 年 4 月 2 日)、《俄蒙事议论渐近真实矣》(1924 年 4 月 6 日)、《外蒙代表之乞兵》(1924 年 4 月 8 日)、《回教与欧亚两洲之影响》(1924 年 4 月 11 日)、《关税会议》(1924 年 4 月 14 日)、《俄蒙事军阀与国民之共趣》(1924 年 4 月 17 日)、《评判中俄事之资料》(1924 年 4 月 20 日)、《收回领事裁判权与不准推放租界》(1924 年 4 月 23 日)、《收回教育权》(1924 年 4 月 26 日)、《各国在中国领判权之破裂》(1924 年 4 月 30 日)。

5 月在《申报》上发表《横滨华侨之永代借地权》(1924 年 5 月 3 日)、《国民对关税会议厅采之方针》(1924 年 5 月 5 日)、《财政整理会辞富居贫者何故》(1924 年 5 月 8 日)、《美议会通过中国免付庚子赔款》(1924 年 5 月 10 日)、《劳农共产与劳工共产(上)》(1924 年 5 月 14 日)、《劳农共产与劳公共产(下)》(1924 年 5 月 15 日)、《民国之民与官》(1924 年 5 月 19 日)、《今日之收回领判权不适用华府会议时计划(一)》(1924 年 5 月 22 日)、《今日之收回领判权不适用华府会议时计划(二)》(1924 年 5 月 25 日)、《今日之收回领判权不适用华府会议时计划(三)》(1924 年 5 月 27 日)、《今日之收回领判权不适用华府会议时计划(四)》(1924 年 5 月 29 日)、《今日之收回领判权不适用华府会议时计划(五)》(1924 年 5 月 31 日)。

6 月在《申报》上发表《中俄协定之签字》(1924 年 6 月 4 日)、《精神文明之岐点》(1924 年 6 月 6 日)、《中俄通好后之政治与经济(一)》(1924 年 6 月 9 日)、《中俄通好后之政治与经济(二)》(1924 年 6 月 12 日)、《德发债票案之民意》(1924 年 6 月 15 日)、《中俄通好后之政治与经济(三)》(1924 年 6 月 19 日)、《帝国主义》(1924

年6月22日)、《领判权于沪廨(上)》(1924年6月28日)、《领判权于沪廨(下)》(1924年6月29日)。

7月在《申报》上发表《国民对德国之搜查漏税华侨》(1924年7月3日)、《俄使馆交涉之兴味》(1924年7月5日)、《主义之战胜》(1924年7月8日)、《世界眼观中之政府与国会》(1924年7月12日)、《慎重名器》(1924年7月15日)、《自治学院与职业学堂(上)》(1924年7月18日)、《自治学院与职业学堂(下)》(1924年7月19日)、《国语(上)》(1924年7月23日)、《国语(下)》(1924年7月24日)、《四国银行团》(1924年7月29日)。

8月在《申报》上发表《立法机关卖权不卖法之优点》(1924年8月1日)、《俄使馆与辛丑条约》(1924年8月3日)、《江苏之法统》(1924年8月6日)、《江苏省自治法会议代表选举法(上)》(1924年8月9日)、《江苏省自治法会议代表选举法(下)》(1924年8月10日)、《不收回沪廨之窒碍与国际观》(1924年8月15日)、《蒙事最近之真相(上)》(1924年8月18日)、《蒙事最近之真相(下)》(1924年8月19日)。

10月在《申报》上发表《民国十三年国废之回顾》(1924年10月10日)、《国是会议与国是》(1924年10月15日)。

11月在《申报》上发表《改革后之政论》(1924年11月8日)、《国民对于北洋驻防军之误解》(1924年11月11日)、《救国与伐罪之界划》(1924年11月19日)、《君主先生古义》(1924年11月20日)、《北伐政府亦欲财政统一否》(1924年11月23日)、《执政政府与委员制》(1924年11月26日)、《冯玉祥辞职与段吴》(1924年11月28日)、《国民对于北洋驻防军之误解》(1924年11月11日)。

12月在《申报》上发表《江苏兵灾调查记实弁言》(1924年12月2日)。

1925 年

10 月与长子孟心如创办《兴业杂志》，自任主编。在《兴业杂志》上发表《兴业杂志缘起》（载一卷一期，1925 年 10 月）、《国民与改正条约》（一卷一期，附《改正条约会刊》，1925 年 10 月）、《改正条约事实之演进》（一卷一期，附《改正条约会刊》，1925 年 10 月）。

1926 年

在《兴业杂志》上发表《扬子江汽船航运之发达及现状》（一卷二期，1926 年 1 月）、《改正条约之手续不应倒置》（一卷二期，附《改正条约会刊》，1926 年 1 月）、《改正条约后之内港行输》（一卷三期，附《改正条约会刊》，1926 年 4 月）、《改正条约与国际联盟》（一卷四期，附《改正条约会刊》，1926 年 7 月）、《抵制英货之具体办法》（二卷一期，附《改正条约会刊》，1926 年 10 月）、《改正不平等条约讲义》（附《改正条约会刊》，1926 年 10 月）。

1927 年

在《兴业杂志》上发表《改正条约与收回租界同时主张之抵触》（载二卷二期，附《改正条约会刊》，1927 年 1 月）、《关税会议与司法调查》（二卷二期，附《改正条约会刊》，1927 年 1 月）、《中比间改正条约事件》（二卷二期，附《改正条约会刊》，1927 年 1 月）。

1928 年

受聘为江苏省政府主席钮永建秘书，旋辞职。

1929 年

受聘南京国立中央大学历史学副教授，讲授清史。

1930 年

出版《清朝前记纪》（商务印书馆）。

1931 年

受聘国立北京大学历史系教授。

1934 年

出版《明初三大疑案考实》（自刊）、《明元清系通纪》（北京大学）。

1935 年

出版《清初三大疑案考实》（北京大学）。

1936 年

由北京大学出版《明史讲义》、《八旗制度考实》。

1938 年

1 月 14 日，病逝于北平协和医院。

《中国注释法学文库》编后记*

“法学作为一种学术形态，其重要的构成要素是法律注释学，这是区别于哲学、文学、美学、经济学等其他人文学科的重要特点。法律注释学虽然早在古代即已产生，如古代罗马的私法注释学、古代中国的刑法注释学等，即使在没有法典的中世纪英国，也产生了法律注释学即判例法注释学。”① 注释法学是世界法学研究共同的样态。

中国古代法学就价值层面，具有无神论和现实主义精神，其法学理论的思辨精神淡薄，理论层次不高。从文献上讲，中国古代法学资料十分广泛，如《易经》、《尚书》、《周礼》、《左传》、《国语》、《论语》、《孟子》、《荀子》、《墨子》、《老子》、《庄子》、《商君书》、《慎子》、《申子》、《韩非子》、《吕氏春秋》、《历代刑法考》，还有正史列传、循吏列传、酷吏列传，《食货志》、私人文集，奏议及类书、丛书中的有关部分都与法学有关。②

从辞源上来讲“由于法学的概念是近代海禁打开以后，从西方输入的文化范畴，在古代是没有的，因此，传统律学就可以说是中国古代特定历史条件下的法学”。③ 所以，古代中国并没有出现正式定名的法学，有的是实质意义上的法学，即中国古代的律学。律学讲求

---

* 原文标题为“中国法学中的注释法学”。

① 何勤华：《法律近代化考论》，载《法律文化史谭》，商务印书馆 2004 年版，第 281 页。

② 同上书。

③ 张晋藩：《清代律学及其转型》，载《律学考》，商务印书馆 2004 年版，第 413 页。

“法条之所谓”,[①] 与中国传统学术习惯和研究范式相一致，字词意的考据是学术的基础。从这个意义上说，古代的中国就已经产生了与近代法学意义同一的律学。两千多年来，对法律的研究大都驻足于如何准确地注释法律、诠解法意、阐明法律原则，形成了以注释律学为主要代表的传统律学。中国古代的注释法学，以注释律学为载体，是以注释国家的制定法为特征。注释的宗旨，在于统治者设定的框架下，准确注释法律条文的含义，阐明法典的精神和立法原意，维护法律在社会生活中的统一适用。[②]

在这个意义上说中国古代的注释法学，即律学，经过漫长的发展阶段，大致分为如下：传统注释律学的发端是以商鞅变法，改法为律和以吏为师为起始。西汉引经解律是注释律学的早期阶段。东汉章句注释到晋律解是律学的奠基阶段。《唐律疏议》的出现标志着注释律学的发展阶段，这一阶段显著特点是唐代以官定的律疏取代私家注律，强调法律解释的国家权威性。注释律学自宋代至元代逐渐衰微。明代是专制主义极端强化的时期，是注释律学振兴和复苏的时期，产生了著名的注释律学大作，如彭应弼《刑书据会》、陆柬《读律管见》、王肯堂《律例笺释》等。到清代注释律学又达到了鼎盛，历两百年不衰，直到 20 世纪初西学东渐而来的近代法律转型，建立中国近代法律体系止，清代的注释法学，在注释方法、注释内容和注释风格上，更达完备性、规范性，成为传统注释律学的最终成熟形态。[③]

中国传统法学到 19 世纪晚期经历着中华法系的死亡与再生，[④]

---

① 武树臣：《中国古代的法学、律学、吏学和谳学》，载《律学考》，2004 年版，第 11 页。

② 何敏：《从清代私家注律看传统注释律学的实用价值》，载梁治平编：《法律解释问题》，中国政法大学出版社 1999 年版，第 323 页。

③ 同上书，第 325 页。

④ 何勤华：《中国古代法学的死亡与再生》，载《法律文化史谭》，商务印书馆 2004 年版，第 300 页。

在此基础上产生了中国近代的注释法学。19 世纪末 20 世纪初，中国社会面临亘古大变，甲午战败、辛丑条约，到日俄战争，竟让外国人（俄国、日本）在我们的国土上开战，自己倒成了坐上观的看客！[1] 在这样的屈辱历史背景下，1901 年慈禧太后发布新政诏书，中国传统社会开始自上而下地发生近代化转型。转型最烈在于宪政改革、官制改革，建立起了中国近代的国家官僚机构。1905 年慈禧发布预备立宪诏书，至此，清末以宪政改革为龙头的变法修律、近代化运动进入高潮。1908 年钦定宪法大纲出台，确立宪法上的君主立宪政体。这年慈禧与光绪相继谢世，转年进入宣统年，这场近代化改革依然继续，大量的近代法律法规均在这一时期纷纷颁布。据统计，从光绪二十七年（1901）到宣统三年（1911 年），整个清末"新政"十年，清政府发布新法律涉及宪政、司法、法律草案、官职任用、外交、民政、教育、军政、财政、实业、交通、典礼、旗务、藩务、调查统计、官报、会议等十多类，法规数量达 2000 余件，[2] 这一期间既是清政府没落的回光返照，也真实地开启了中国社会的法律近代化。

中国近代法学以移植西方法学，尤其是法德法系的六法为主干，输入西方法治文明的观念、制度与原则，这些涵括世界法律文明的内容包括：

第一，法律的渊源或是人类的理性（自然法），或是全体人民的共同意志（制定法），它是社会正义的体现；

第二，人的天赋的自然权利不可剥夺；

第三，国家或政府是人们之间通过协商、订立契约的产物，因此，国家或政府若不能保护人民，人民就有权推翻它；

---

① 王涛：《大清新法令 1901—1911》点校本总序，商务印书馆 2010 年版。

② 商务印书馆编译所编纂：《大清新法令》（1901—1911），何勤华等点校，商务印书馆 2010 年版。

第四，必须用法律来治理国家，哪里没有法治，哪里就肯定不再有政府存在；

第五，立法权是最高的权力，具有神圣性，但它不能侵犯公民的生命和财产；

第六，法律的主要目的是保护私有财产；

第七，法律制定后必须坚决执行；

第八，法律面前人人平等；

第九，法律与自由相联系，没有法律也就没有自由；

第十，一切拥有权力的人都容易滥用权力，因此，必须用权力或法律来制约权力。①

中国近代法学走上移植、继受西方发达国家法律文明的路子，学习途径，最初传教士从事法律教育、创办团体、刊物开始传播法律知识；② 清末政府积极推动，张之洞、袁世凯、刘坤一保举，经钦定的修律大臣沈家本、伍廷芳，③ 政府开办修订法律馆，派“五大臣出洋考察政治”，系统地组织翻译西方法学著作，都是中国近代法学迅速成长起来的重要原因。西方法律文化的传播，除大量的汉译法律类图书出版之外，还有对清末立法成果注释、解释的部门法律著作出版，鉴此，中国近代注释法学在这一背景下出现。

百年后的今天，当我们回顾中国近代法学时，尚存几点思考：

第一，西法传入是中国官方自上而下积极推动的，西方是一套全新的法律系统，与中国传统法学截然不同，要让人们知悉部门法的具

---

① 何勤华：《法学近代化论考》，载《法律文化史谭》，商务印书馆 2004 年版，第 289 页。

② 何勤华：《传教士与中国近代法学》，载《法律文化史谭》，商务印书馆 2004 年版，第 321 页。

③ 王兰萍：《政治家的引领作用》，载吴玉章等主编：《西方法律思想史与社会转型》，中国政法大学出版社 2012 年版，第 311 页。

体内容，以及这套知识体系的优点，解释法条、阐发法理之著作成为西法东渐最基本的读物。

第二，考据、注释之方法是中国固有的治学方法，中国学人信手拈来，中国本土的考据之法与从继受西法知识系统交互对接，使中国近代法学呈现出翻译西法著作与注释法学著作两分天下之势。

第三，此时的注释法学，无论阐释哪种部门法，其核心价值反映西方法律文明的精神，如民主、自由、平等，权力制衡，司法独立，私权自治等，这些理念产生于欧洲近代化过程中民族国家建立、反对封建特权之中，这一历程是人类文明进步发展的必经之路，它为中国社会由专制走向法治奠定了理论基础。清末政府推动的中国法律近代化，其思想层面的意义，对于百年后依然进行中的法制现代化有诸多的启示与历史的借鉴意义。

第四，研究中国法学，按照学术流派梳理，有中国新分析法学派，如民国时期以吴经熊为代表，①确少有关注中国注释法学派别。但是，不容忽视的是中国近代的注释法学研究成果真正体现了中国法学本土化与国际化初次尝试，所产生的碰撞、吸纳，排异、融汇，至今都是不过时的研究课题。因为，中国社会的现代化包括法律现代化依然是国家文明建设的当代话题。

为了梳理这些历史上曾经的、现在尚显支离破碎的中国注释法学，我们着手整理出版《中国注释法学文库》，纳入本次出版计划的书目主要集中于中国近代的注释法学。在众多著作中遴选孟森、秦瑞玠、张君劢、郑競毅等的注释著作。如孟森的《地方自治浅说》、《咨议局章程讲义》、《省咨议局章程浅释》、《咨议局议员选举章程浅释》，

---

① 端木恺：《中国新分析法学简述》，载吴经熊、华懋生编：《法学文选》，中国政法大学出版社 2003 年版，第 231 页。

张君劢的《中华民国宪法十讲》，郑競毅的《强制执行法释义》（上、下），汪文玑的《现行违警罚法释义》，徐朝阳的《刑事诉讼法通义》，秦瑞玠的《大清著作权律释义》，谢霖的《票据法要义》等著作。另外，对于中国古代经典进行法学意义上的阐释之作，我们也纳入其中，如张紫葛、高绍先的《〈尚书〉法学内容译注》等。当然，百年前的法律文献，保存十分不易，且不少图书馆索要高价，难以借阅，这些制约了《文库》版本选择，目前远未达到涵盖法学的全部基本法、再现六法面貌，今后随这一出版项目的继续，我们将逐步扩大收书范围，以期全面概观中国近代注释法学原貌。*

---

* 本文由王兰萍执笔。

图书在版编目(CIP)数据

地方自治浅说/孟森著. —北京:商务印书馆,2014
(中国注释法学文库)
ISBN 978-7-100-10311-4

Ⅰ.①地… Ⅱ.①孟… Ⅲ.①地方自治—中国—名
Ⅳ.①D693.62

中国版本图书馆 CIP 数据核字(2013)第 234814 号

本书于光绪三十四年(1908)由商务印书馆初版

中国注释法学文库
地方自治浅说
孟 森 著

商 务 印 书 馆 出 版
(北京王府井大街36号 邮政编码 100710)
商 务 印 书 馆 发 行
北 京 冠 中 印 刷 厂 印 刷
ISBN 978-7-100-10311-4

2014 年 12 月第 1 版　　开本 880×1230 1/32
2014 年 12 月北京第 1 次印刷　　印张 4⅜ 插页 1
定价: 26.00 元